LOS PADRES SON MAESTROS

EL MÉTODO BOWDOIN

Dedicado a todos los padres y madres que han descubierto que convertir a sus niños en personas alertas y perceptivas es lo más natural del mundo.

Ruth Bowdoin

LOS PADRES SON MAESTROS

EL MÉTODO BOWDOIN

STAMPLEY

Autores:
    Ruth Bowdoin
    Juan Carlos Torre P.

Ilustradores:
    Frederick Tupper Saussy
    Mark Zahnd

Traductora:
    Carmen E. Díaz Zayas

© Copyright 1992
C.D. STAMPLEY ENTERPRISES, INC.
CHARLOTTE, NORTH CAROLINA, U.S.A.
ISBN: 0-915741-31-8 en un volumen
ISBN: 0-915741-32-6 en tres volúmenes

© Copyright 1978
Webster's International Tutoring Systems, Inc. en diez volúmenes

Prólogo y cubierta reproducidos con permiso de Ediciones Temas de Hoy, S.A.

ÍNDICE

PRÓLOGO

Algunas indicaciones para leer con provecho este libro

El libro *Los padres son maestros* es un *método,* es decir, un modo de hacer algo sistemático y con orden. Su aplicación continuada introducirá un nuevo estilo de relación entre padres e hijos. En los estudios realizados en Estados Unidos para validar el método, los padres lo ponían en práctica durante ocho meses y obtenían mejoras sustanciales en la educación de sus hijos. Por otro lado, en el programa de intervención Head Start, que afectó a más de medio millón de niños en edad preescolar a partir de 1965, se recomendaba que las estrategias educativas tuvieran una duración en torno a los dos años. No obstante, a pesar de que los mejores resultados se consiguen con la aplicación sistemática del método Bowdoin, no dude el lector que, incluso de su utilización puntual o más flexible, obtendrá importantes beneficios educativos. ¿O acaso no es provechoso el hecho de coparticipar, de estar juntos y disfrutar padres e hijos?

En realidad, la autora propone el asentamiento de nuevas pautas de relación y comunicación entre los miembros del núcleo familiar y solicita, en el fondo, una revisión de los comportamientos, actitudes y nivel de atención y dedicación prestada al niño. Este nuevo estilo de crianza se expone en diez capítulos que pueden agruparse en dos grandes bloques temáticos: uno, cognitivo, referido al ámbito intelectual; otro, afectivo, mas centrado en los sentimientos y en la relación interpersonal. El primero ocupa los capítulos 6, 7, 8, 9, 10; el segundo, los capítulos 1, 2, 3, 4, 5. En estos dos últimos apartados se sugieren nuevos criterios sobre la disciplina (normas, prohibiciones, premios y castigos, etc.) que los padres podrán adoptar.

En el terreno cognitivo se hace especial hincapié en que el niño domine un amplio vocabulario básico. Para ello, se aprovechan los recursos que proporciona el mismo hogar y los frecuentes contactos que se dan entre padres e hijos. Está suficientemente comprobado que el aprendizaje escolar se facilita en la medida que se posea en mayor grado un extenso conocimiento del léxico y una estructuración más compleja de las frases.

En el campo afectivo se pretende, sobre todo, que los padres favorezcan en sus hijos la creación de sentimientos positivos hacia sí mismos. Diversos autores han puesto de relieve la estrecha relación existente entre la imagen que el alumno tiene de sí y su progreso escolar (1). De ahí que la autora insista tanto en la necesidad de experimentar éxito en la escuela como en la necesidad de sentir la válía y la seguridad personales. Así, por ejemplo, el afán por aprender nuevas palabras se justifica porque posibilita la consecución de mejores resultados escolares, pero también porque ayuda al niño a ordenar con su pensamiento el mundo en el que vive y le hace sentirse capaz y valioso. Jones y Grienecks llegan a afirmar que los datos relativos al autoconcepto sirven para pronosticar con mayor fiabilidad el éxito académico que los resultados de los tests de inteligencia (2).

El hecho de que el libro se presente con una determinada estructuración temática no significa que haya de leerse por ese orden. Antes bien, sería preferible que fuera leído según los intereses o necesidades específicas de los padres en determinados momentos.

¿Por qué un método para los padres? ¿Acaso desconocen lo que han de hacer con sus hijos? Todo padre elabora, aunque no sea de forma manifiesta o explícita, teorías espontáneas sobre la educación de sus hijos. Estas teorías guían su proceder y surgen de la consideración de lo que debe ser un adulto competente, es decir, del ideal de adulto que el padre o la madre se han creado a lo largo de su vida. Criterios sobre la elección de estudios universitarios, sobre las amistades que desean para sus hijos, sobre los programas de televisión, etc., reflejan las ideas que dirigen el comportamiento de los padres. Por tanto, en contra de lo que en ocasiones se ha defendido, los padres tienen ideas y criterios educativos, los padres no son seres "descerebrados" que lo único que hacen es reaccionar ante la conducta de sus hijos.

Sin embargo, con demasiada frecuencia constatamos en nuestra práctica educativa la desorientación de padres que no saben cómo "acertar", que desconocen los principios esenciales de la pedagogía y la psicología y que no han recibido una formación específica para ser padres. ¿Cómo actuar ante una rabieta del niño? ¿Qué hacer cuando da muestras repetidas de pasividad y de falta de interés por todo? ¿Cuál es la pauta que se debe seguir en la utilización de premios y castigos? ¿Cómo se deben afrontar los brotes de agresividad? Preguntas para las que muchos padres preocupados no encuentran respuestas adecuadas. De ahí la validez de un método como el de Ruth Bowdoin, pues proporciona pistas para evitar el uso excesivo del método por ensayo y error (intentarlo una y otra vez hasta encontrar la solución) y posibilita no caer en la trampa del sentido común no verificado científicamente, al que tantas veces se recurre equivocadamente.

El método Bowdoin se centra en las relaciones que se establecen entre padres e hijos. Tradicionalmente se ha postulado la importancia casi exclusiva del papel de la madre en el desarrollo infantil. Hoy día parece falaz encuadrar al niño en un mundo social de dos personas (madre e hijo) y no está justificado el olvido del papel del padre en el núcleo familiar. Igualmente, el enfoque tradicional de la estructuración familiar se basaba en un modelo de influencias de única dirección en el que la conducta de los padres afectaba al niño según una relación causal lineal. Posteriormente, se puso de relieve la doble dirección de las influencias (no sólo de padres a hijos, sino de hijos a padres) y el control que realiza el niño sobre la conducta de los padres, por ejemplo, en el recurso al lloro para conseguir algo. En la actualidad, la familia tiende a considerarse como un microsistema o reducido conjunto de elementos en interacción, en el que son significativas no sólo las relaciones yo-tú, sino las establecidas entre tres o más personas. Se entiende la familia como un sistema de relaciones múltiples en el que se incluye también a los hermanos y terceras personas que convivan en el domicilio familiar (3). Esta perspectiva actual se completa con otros contextos de influencia de los que los padres ya son conscientes, a saber, las guarderías, el colegio, la familia de los padres, los medios de comunicación, los valores y creencias sociales, etc. Este punto de vista de la familia como sistema inserto en otros sistemas sociales debe prevalecer en la lectura de este libro.

Finalmente, enumero esquematicamente algunas consideraciones que facilitarán la comprensión y la utilización de este texto:

1. El método no pretende idealizar la figura y la actuación paternas. Propone más bien un patrón de conductas al que se tiende, un *estilo de ser padre*; debe evitarse que los padres se echen la culpa sistemáticamente cuando no se alcance el ideal enunciado. Además, los padres deben saber que las experiencias tempranas son relevantes, sobre todo, si se viven de forma persistente y si reciben apoyos contextuales también en el futuro.

2. Las sugerencias ofrecidas son extensibles a otras situaciones y ambientes. El libro se refiere

a trabajos para realizar en casa, pero, lógicamente, ese tipo de actuaciones y de relación con el niño puede practicarse también por la calle, en el campo, al ir de compras, etc.

3. Este método no intenta suplantar al profesor como especialista de la enseñanza. La autora cree firmemente en la colaboración mutua entre padres y profesores para mejorar la educación. Los padres son maestros en cuanto que, conscientemente o no, enseñan a sus hijos, pero su actuación no reemplazará al profesor en tareas específicas suyas como, por ejemplo, la enseñanza de la lectura. Los padres, según este método, preparan a sus hijos para que dispongan de las habilidades y conocimientos básicos para aprender a leer.

4. El niño aprende incesantemente, pero no necesariamente lo que los padres quieren enseñarle de forma intencional. Es de todos sabido que la relación enseñanza-aprendizaje no siempre es lineal ni directa: no todo lo que se enseña se aprende y, a veces, se aprenden cosas que no se ha pretendido enseñar. Así, un niño puede no captar las directrices que su padre le explica para la resolución de una tarea y sí la paciencia o impaciencia del padre, un estilo de comunicación o un determinado lenguaje.

5. El papel de los padres ha de consistir, prioritariamente, en *plantear problemas adecuados* a las capacidades del niño, y no tanto ofrecerle soluciones para que éste las memorice y repita. El aprendizaje a través de la *acción* y la *exploración* prevalecerá sobre el pasivo o memorístico. El método sugiere que los padres lleven la iniciativa, pero no de una manera exclusiva. En ocasiones serán los hijos quienes propongan actividades creativas y los padres quienes las secunden.

6. Las tareas y las ideas sugeridas serán especialmente interesantes para padres con *niños en edad preescolar*. El buen entender de los padres elegirá, variará, simplificará o complicará las actividades propuestas, de acuerdo con el desenvolvimiento y edad de su hijo.

7. Este libro es el resultado de ocho años de experimentación en el campo de la educación familiar. Los consejos vertidos en él no son fruto de la improvisación. La mayoría de ellos se basan en investigaciones psicopedagógicas actuales. En el apartado siguiente justifico la base científica del método Bowdoin.

La actualidad científica del contenido

¿Cuáles son las condiciones óptimas para una crianza eficaz de los hijos? La respuesta a esta cuestión enmarca el contenido de este libro de una manera precisa. Varios autores se han ocupado recientemente de este tema, pero ha sido Bronfenbrenner (1985) quien ha formulado cuatro requisitos que resultan imprescindibles en la educación de los hijos. En primer lugar, el niño debe poder observar y participar en tareas cada vez más complejas a través de la guía de personas con las que ha establecido una relación emocional positiva. En segundo lugar, el niño debe contar con oportunidades, recursos y estímulos para implicarse en las actividades aprendidas, pero ahora sin la dirección del adulto. La tercera condición se refiere a la necesidad de que el principal adulto encargado de la educación del niño reciba el apoyo de otros adultos (el otro padre, los abuelos, amigos próximos) cercanos al niño. Y, finalmente, la acción educadora se potencia si los diversos contextos en los que vive el niño están interrelacionados a través de la comunicación y de las actividades compartidas (4). El estilo educativo que se propugna en el libro de R. Bowdoin coincide esencialmente con las dos primeras condiciones mencionadas.

Otro autor, Lautrey (1983) trata de identificar el tipo de estructuración familiar más adecuado para lograr un máximo desarrollo intelectual. Investiga el sistema educativo familiar y su relación con la capacidad intelectual de los hijos en 46 familias de París con hijos de diez años. Cree que, en la familia, el comportamiento se organiza a base de reglas específicas, de costumbres (a las que llama organizadores elementales) y del lenguaje, de los valores y del tipo de estructuración (organizadores de segundo orden). Estudia tres tipos de estructuración: el ambiente aleatorio o *débilmente estructurado*, en el que no existe regla alguna que modere las actividades del niño; el medio *estructurado rígidamente* se caracteriza porque ciertas normas inmutables fijan lo que el niño debe hacer, y la *estructura flexible* incluye la existencia de pautas de acción modificables racionalmente, según las circunstancias que la acompañan. Un ejemplo de esta última forma de organización sería el poder ver la televisión de seis a siete de la tarde, como norma general; este criterio variaría en función de la válía de los programas, del día de la semana y, pongamos por caso, de la obligación de hacer tareas escolares para el día siguiente. Lautrey demuestra que los niños educados en ambientes débil o rígidamente estructurados obtienen peores resultados intelectuales que los educados en medios flexiblemente estructurados. Observa, además, que consiguen un mejor rendimiento medio en los tests los hijos de los padres que valoran en aquéllos cualidades como la curiosidad de espíritu y el sentido crítico (5).

¿Qué principios del aprendizaje debieran tenerse en cuenta en ese ambiente flexible y capaz de estimular el pensamiento del niño? Los hombres aprendemos algunas acciones, temores o sentimientos por *asociación*, es decir, por la coincidencia en el tiempo y en el espacio de varios estímulos que nos hacen establecer determinados nexos entre ellos y que facilitan que los relacionemos en el futuro. Imagínense las consecuencias de la asociación de una situación desagradable para el niño con el intento de aprender a leer.

En otras ocasiones, aprendemos a través de las consecuencias de nuestra conducta, es decir, de los efectos positivos o negativos de tales conductas. Fue Thorndike (1911) quien formuló la *ley del efecto* que sirve de base a la afirmación anterior, pero es Skinner (1953) quien más ha contribuido al desarrollo de esta idea (6). Un comportamiento tiende a incrementarse cuando conduce a la aparición de algo agradable para la persona (refuerzo positivo) o a la eliminación o conclusión de algo negativo para el individuo (refuerzo negativo). Pero, ¿no estarán los niños actuales demasiado recompensados? ¿No será excesivo tanto alabar su conducta? Corremos, sin duda, el riesgo de producir lo que se ha llamado una saciación de refuerzos, es decir, una saturación que no ayuda al niño a discriminar entre lo que ha hecho bien o mal. Sin embargo, un niño preescolar es capaz de absorber una gran cantidad de refuerzos, que pueden alcanzar la cifra de sesenta por hora en algunos casos. Los refuerzos utilizables pueden ser de tipo *social* (alabanzas, atención), *simbólico* (dinero, notas), *material o de actividad* (un juego, un rato de ocio, una tarea divertida). Se observa una creciente utilización por parte de los padres de refuerzos materiales. Es evidente que la presentación constante de refuerzos de gran valor trae consigo la pérdida de valor de esos refuerzos. Sería necesario que los padres reconsideraran, ante casos de sobredosis reforzadoras y en el síndrome de abstinencia, la eficacia de la atención personal y de los reforzadores sociales en general.

Los padres saben que un rato disponible para montar un rompecabezas resulta gratificante para un niño, pero puede suponer un castigo para otro. Esta experiencia pone al descubierto el *carácter subjetivo del refuerzo*, por lo que se debiera identificar qué actividades, objetos o conductas son relevantes para modificar la actuación del niño. En general, si se trata de adquirir una nueva conducta, el niño aprenderá más rápidamente si se le refuerza por cada respuesta correcta emitida. Pero una vez que la respuesta ha sido dominada, el refuerzo intermitente será más eficaz para mantenerla. Esta intermitencia pretende eliminar, además, un posible *mercantilismo* en las actuaciones de padres e hijos ("yo hago esto a cambio de que tu me ofrezcas aquello") y establecer un *autocontrol* de la persona y de su comportamiento, no necesariamente sujeto a factores externos a ella (7).

Sin embargo, los hombres aprenden gran parte de su conducta a través de la *observación*. Es lo que se conoce como aprendizaje vicario o por medio de modelos o, mas sencillamente, aprendizaje a través de las acciones de los demás (8). Ningún padre se sorprenderá porque su hijo imite su conducta, reproduzca sus mismas palabras o riña a su muñeco como él suele ser regañado. En el mundo adulto sucede algo semejante: la observación o el recuerdo de la conducta de los demás guía nuestra acción en múltiples situaciones, por ejemplo, al decidir qué tenedor utilizar en una cena de gala o cuándo despedirnos tras una reunión, etc.

Esta forma de aprender "en cabeza ajena" pone de relieve el valor del ejemplo, es decir, la importancia de la congruencia entre lo que los padres dicen y lo que hacen. En otras palabras, el aprendizaje de nuevas conductas se facilita cuando los padres sirven de *modelo* de esas conductas. De igual manera, es probable que un niño aprenda qué consecuencias siguen al quebrantamiento de una norma si observa el castigo que recibe su hermano por transgredirla. Este hecho permite a los padres influir sobre la conducta de sus hijos de forma indirecta a través de valoraciones o críticas que efectúen al comportamiento de otras personas. Por medio del aprendizaje observacional se explican ciertas tendencias de agresividad en los niños (9), algunas conductas consumistas inducidas por la publicidad y determinadas formas antisociales de actuación, entre otras manifestaciones del comportamiento.

Ahora bien, en el aprendizaje y en el desarrollo intelectual infantil, la *actividad* surgida de la propia iniciativa del niño juega un papel predominante. A través de la experiencia, de la observación y de la explotación de su entorno, el niño va dándose cuenta de cómo puede aplicar lo que ya sabe y de los cambios que debe introducir para adaptarse a nuevas situaciones. El niño debe reestructurar sus esquemas de pensamiento para encontrar soluciones ante sucesos o hechos novedosos o extraños para él. Este proceso de desconcierto inicial, búsqueda y hallazgo de nuevas interpretaciones ante la realidad favorece en gran medida el desarrollo intelectual del niño preescolar. Por eso, los padres debieran proporcionar una considerable practica física con los objetos al alcance del niño, utilizar accesorios y ayudas visuales para que entienda lo que se le está enseñado y estimular la manipulación de objetos variables en su forma, pero constantes en su masa (10).

Pero es probable que el niño no actúe a no ser que tenga *confianza en sí mismo* y se sienta interesado por ello. La opinión que el niño tenga sobre símismo se relaciona íntimamente con su capacidad para el aprendizaje y con su rendimiento. El autoconcepto o imagen que el niño tiene de sí se va fraguando desde muy pequeño en su relación con los demás. *Los padres*, principalmente, *actúan a modo de espejo* que devuelve una imagen determinada al hijo. Si los padres opinan constantemente desde una perspectiva negativa de sus hijos y si les califican con frecuencia de inútiles e incapaces, irá apareciendo en ellos una pobre imagen de su vália. Si, además, en la calle, con sus amigos, y en el colegio se repiten las mismas relaciones, tendremos una persona con baja autoestima y un mínimo sentimiento de estimación propia. No extrañe a los padres que su hijo desarrolle conductas pasivas o inhibidas ("si no sirvo para nada, ¿para que lo voy a intentar?") o agresivas ("no soporto verme como me veo"). El primer caso puede resultar más preocupante por cuanto que, a veces, los padres confunden al niño de baja autoestima con el tímido o introvertido. No se extraiga como conclusión que los padres deben supervalorar a sus hijos: una adecuada autoestima se establece mejor cuando el niño obtiene pistas para discriminar entre su buena y su mala conducta, entre sus aciertos y sus errores. Pero sí es necesario que los padres realcen, valoren y apoyen las realizaciones positivas de sus hijos y no que las dejen pasar inadvertidas, apelando a que las han hecho porque era su obligación. Además, el niño tiene otras fuentes de información para formarse una imagen de sí: *su propia actividad y la de los demás*. A lo largo del desarrollo, el niño se da cuenta de cuáles son sus destrezas o habilidades cuando las practica y cuando ve esas mismas actuaciones en los demás. Tiene así otro punto de referencia para identificar su vália. Si, en diferentes actividades y durante un largo período de tiempo, el niño se siente torpe o incapaz, será mas propenso a desarrollar sentimientos negativos hacia sí mismo. De ahí la necesidad de que pueda ejercitarse en un amplio abanico de campos de actuación que presenten niveles variados de exigencia y dificultad. Por ejemplo, si no es muy hábil en el fútbol, que pueda serlo jugando al baloncesto o practicando judo.

Sin propia estimación es difícil que el niño se enfrente a los aspectos más desfavorables de sí y a las posibles manipulaciones externas. Por el contrario, los niños con autoconceptos positivos elevados aparecen como activos; hacen amigos con facilidad; tienen sentido del humor; participan en la planificación de proyectos; toman parte en las discusiones; sienten cierto orgullo por las contribuciones propias y, en fin, viven habitualmente felices y confiados.

Muy en relación con la autoestima se encuentra *la motivación* o el interés del niño. La mayoría de los profesores de educación primaria y secundaria coincidirían en afirmar la carencia de motivación de los alumnos por los temas escolares. ¿Cómo puede un padre de un niño preescolar acrecentar la curiosidad y el interés de su hijo? Resulta imprescindible que el niño se sienta capaz de realizar la tarea y que espere acertar o conseguir lo que se propone antes de iniciarla. Es decir, debe mantener altas sus expectativas de eficacia. ¿Por qué? Una barrera que frena el éxito en la ejecución es la carencia de motivación y uno de los componentes de esa motivación es la esperanza de éxito. Ahora bien, hay una especie de contagio u ósmosis entre las expectativas de los padres y las de los hijos. Se ha demostrado que los alumnos de quienes se espera altos logros suelen ser más interrogados en clase, disponen de más tiempo para responder y reciben preguntas más difíciles. También son más estimulados y recogen una información complementaria más adecuada (11). Dicho de otra forma, si los padres esperan que sus hijos sean capaces de resolver una tarea, les comunicarán esta expectativa de forma sutil (gestos, expresiones) o directa, con lo cual sus hijos adquirirán más confianza para realizar ese trabajo. Sería algo así como el poder del pensamiento positivo. Esta fuerza se revela especialmente eficaz si se inculca en edades tempranas y si es apoyada desde diversos ámbitos relevantes para el niño.

Por otro lado, se ha estudiado el clima hogareño de los niños altamente motivados (12). Los padres de estos niños les proporcionan mayor atención afectiva, aceptan a sus hijos como hombres independientes y se fijan para sí mismos el mismo nivel de aspiraciones que ellos exigen para sus hijos. Además, sólo imponen restricciones óptimas (entre la blandura y la excesiva dureza) y les ayudan a esperar rendir según sus capacidades, de forma realista.

A pesar del interés y dedicación de los padres, es inevitable que, en ocasiones, surjan los *problemas*. Las negativas, las rabietas y oposiciones o la pasividad e inhibiciones aparecerán en el hogar y serán fuente de conflicto educativo. Más arriba mencionábamos las ventajas para el desarrollo intelectual de una relación familiar flexiblemente estructurada. Hablábamos también de la necesidad de manejar adecuadamente los refuerzos positivos y los castigos (¡sorprendamos al niño siendo bueno!). Ambas ideas deben considerarse de nuevo aquí. Pero, ¿qué significa flexibilidad? La mayoría de los padres se situarían en un punto medio entre permisividad y rígido control, creyendo que su actuación era la normal y la correcta. La diversidad de teorías sobre la disciplina no clarifica el panorama para los padres (13).

Ser flexible supone, en primer lugar y aunque parezca contradictorio, establecer ciertos límites a la conducta de los hijos. Se favorece así el aprendizaje de normas de comportamiento y se posibilita la génesis y el desarrollo de la autodirección personal y de la conciencia. Ser flexible implica, además, ser capaz de ponerse en el lugar del niño. Esta empatía o comprensión de la perspectiva del hijo evitará interpretar su conducta permanentemente como desafío intencionado y reaccionar de forma visceral ante los problemas. Por último, ser flexible significa reconocer que también los hijos necesitan, al igual que los adultos, saber quiénes son (identidad), establecer relaciones, tener cierto poder e influencia y obtener frutos de su trabajo (rendimiento). Podrá surgir un problema de disciplina si entran en conflicto la satisfacción de las necesidades de los padres, de los hijos y de la propia familia en cuanto grupo. Numerosos problemas tomarán otro cariz, si se interpretan como una necesidad de atención o de afirmación personal, en lugar de como un acto de rebeldía.

La disciplina, por tanto, no se asemeja a obediencia en una atmósfera de control ni a sometimiento a la autoridad porque sí. La disciplina es un *medio* para conseguir el autocontrol del niño en situaciones sociales. Si se considera como un fin en sí misma pierde su sentido primordial.

Aprendizaje, motivación, autoestima y disciplina son temas nucleares en la investigación sobre psicología de la educación. Sirva el somero recorrido de este prólogo para justificar cuán interesantes pueden resultar a los padres las prácticas ideas de Ruth Bowdoin. Este libro consigue, a mi juicio, acercar los principios psicopedagógicos más recientes a los padres interesados en la creación de un ambiente más estimulante y feliz para sus hijos.

Juan Carlos TORRE PUENTE

Profesor de Psicología de la Educación

REFERENCIAS

1. Musitu, G. y Roman, J. M., "Autoconcepto: una introducción a esta variable intermedia", *Universitas Tarraconensis*, 1982, IV/1, 51-69.
2. Jones, J. G. y Grienecks, L., "Measures of self perception as predictors of scholastic achievement", *Journal of Educational Research*, 1970, 63, 201-203.
3. Vega Vegas, J. L., *Psicología evolutiva* (II), Madrid, UNED, 1985, 136-142.
4. Bronfenbrenner, U, "Contextos de crianza del niño. Problemas y prospectiva", *Infancia y aprendizaje*, 1985, 29, 45-55.
5. Lautrey, J., *Clase social, medio familiar e inteligencia*, Madrid, Visor, 1985.
6. Skinner, B. F., *Ciencia y conducta humana*, Barcelona, Fontanella, 1977, 4ª ed.
7. Pinillos, J. L., "La dimension educativa del refuerzo", en *1er symposium sobre aprendizaje y modificación de conducta en ambientes educativos*, Madrid, INCIE, 1975, 23-45.
8. Bandura, A., *Teoría del aprendizaje social*, Madrid, Espasa-Calpe, 1982.
9. Vallejo-Nágera, A., *Mi hijo ya no juega, solo ve la teleuision*, Madrid, Temas de Hoy, 1987, 113-125.
10. Woodfolk, A. E. y McCune, L., *Psicología de la educación para profesores*, Madrid, Narcea, 1983, 70-71.
11. Ibid., págs. 350-355.
12. Aschersleben, K., *La motivación en la escuela y sus problemas*, Madrid, Marova, 1980.
13. Curwin, R. L. y Mendler, A. N., *La disciplina en clase*, Madrid, Narcea, 1983, 87-125.

CAPÍTULO 1

MI MAMÁ ME AMA

¡Padres, quieran a sus hijos! ¿Desean que su hijo desarrolle una personalidad saludable? Claro que sí. Todos deseamos eso para nuestros hijos.

Este capítulo contiene *ocho* sugerencias que le ayudarán a satisfacer las necesidades emocionales de su niño. Todo buen padre querrá hacer cuanto sea necesario para satisfacer tales urgencias. Aunque las necesidades de su hijo puedan ser (y con frecuencia son) distintas de las de otros niños de su misma edad, la mayor parte de la gente está de acuerdo en que las básicas y *más comunes* son las que se nombran en este capítulo.

Si estas necesidades se descubren y se satisfacen a *muy temprana edad*, usted notará que su hijo estará más a gusto consigo mismo y con los demás, y que aprenderá más fácilmente y con más alegría.

Hoy día hay muchos enfermos mentales y personas con grandes problemas emocionales. Muchos de estos problemas pudieron haberse evitado si los padres hubieran satisfecho a tiempo las necesidades básicas de sus hijos.

¿Cómo Le Demuestro Mi Amor?

Mi rostro se lo dice.

Esto no siempre es fácil; pero trato. El niño me observa cuando frunzo el ceño y mis ojos son como dardos que disparan coraje a un lado y a otro cuando las cosas van mal. El niño nota esto y por eso trato de sonreír mucho. Esto es bueno porque el niño sabe que soy feliz.

Se lo dicen mis CARICIAS.

Cuando necesita consuelo, mis brazos están a su disposición. Mis dedos acarician sus deditos inflamados o su rodilla herida. Mis manos secan sus lágrimas, cuando está triste o malhumorado. Mi regazo lo acuña cuando está cansado o soñoliento o cuando le leo un cuento.

El tono de mi voz se lo dice.

Trato de que sea agradable y suave. Pero a veces me gustaría gritar barbaridades. Me he dado cuenta de que es mejor hablar en voz baja, como en un susurro. Cuando hablo así, todo parece marchar mejor en la casa. Es mejor para mí y mejor para el niño.

Se lo digo con PALABRAS.

A veces le digo: "te quiero mucho." Pero mi niño sabe que no tengo que *decirlo*. El lo *siente* en su corazón. Y quizá esto sea lo mejor que yo pueda darle. Pero siempre tengo presente que querer no significa malcriar. ¡El amor no se puede comprar! Se pueden regalar *cosas*, pero las *cosas* no son *amor*. Dar cosas no es amar.

Si, mi hijo sabe que es querido. Se lo dicen mis palabras, la expresión de mi rostro, el tono de mi voz y mi modo de actuar.

Acéptelo Tal Como Es

Mi mamá me quiere tal como soy.
Nunca me dice: "Me gustaría que
fueras como Juanito."
No le importa que yo no sea tan
alto como papá, para que juegue
baloncesto como él.
Me quiere tal como soy.
Y me quiere *a todas horas.*
Nunca me dice que la vuelvo loca
aunque esté cansada o de mal humor.
Lo que sí me dice es que le disgustan
algunas cosas que yo hago.
Pero NUNCA dice que no me quiere.

¿Por Qué Mi Hijo Habla Así De Mí?

Porque lo acepto como es.
Sé que tiene las orejas grandes y un poco colgantes (especialmente cuando se pone el sombrero de paja del abuelo). Es bajito para su edad y yo deseaba que fuese muy alto. Pero nunca dejaré que lo sepa.

Es mi tercer hijo varón y esperábamos niña; ¡pero yo no puedo remediarlo!

Su padre hubiera querido tener una estrella de baloncesto en la familia, pero yo le digo todo el día que *nuestro hijo es lo que es y no lo que hubiéramos querido que fuera.*

No le dejo hacer lo que le gusta pero trato de ser justa.
A veces me encantaría "acabarlo a golpes" especialmente, cuando se porta mal delante de otras personas. Pero reconozco que si lo hiciera, sería un mal para ambos.

Acepto a mi hijo con sus orejas grandes, caídas, y con su mala conducta; pero lucharé para que mejore.

Sé que el niño es capaz de hacer muchas cosas sin dificultad; pero sé que otras le serán difíciles.

Lo sé. Y lo acepto.

Seguridad

Mi mamá me deja tomarle la mano
cuando la necesito.
Ella me dice: "No tengas miedo.
Estoy contigo y no permitiré
que te pase nada."
Ella quiere que yo sepa que está
cerca de mí y que se preocupa por mí.
Cuando se va, me dice: "Volveré pronto.
No te preocupes porque yo no esté en casa.
Alguien se queda aquí contigo."
Mi mamá quiere que yo sepa que nuestra
casa es un lugar seguro para mí y que ella
siempre me ayudará cuando necesite algo.

¿Cómo Le Doy Seguridad Al Niño?

No lo amenazo a no ser que me proponga cumplir con la promesa.

Nunca le digo al niño que si se porta mal lo voy a regalar o me voy a ir de casa para siempre. Esto puede herirlo profundamente. Siempre que voy a salir se lo digo y nunca me escapo a hurtadillas.

Empiezo pronto

Trato de ofrecerle al niño tantas experiencias como pueda. Mientras más cosas vea y haga, más seguro se sentirá. Lo animo para que juegue con otros niños y lo llevo a muchos sitios para que se relacione con personas distintas.

Lo preparo para lo nuevo

"Mamá, ¿me va a doler?", me pregunta cuando lo llevo al médico o al dentista. Le contesto con la verdad: "Claro que sí, te dolerá un poquito, pero se te pasará enseguida."

"Pero yo no quiero ir", me dice. Y yo le respondo firme pero amable y suavemente: "Pero DEBES." No le queda otra alternativa y esto le da seguridad.

Nunca lo avergüenzo

Hay cosas que asustan a mi niño. Pero nunca lo avergüenzo porque tenga miedo. Lo tomo en brazos y le explico. Lo dejo llorar sin tratar de acallarlo. Siempre trato de pensar que todo comportamiento tiene una CAUSA.

No quiero protegerlo en exceso.

Hacerlo crearía en él una gran dependencia de mí. Y entonces, temería dejarme ir. Si el niño se siente seguro, podrá perderme de vista. Saldrá de casa tranquilamente para ir a la escuela con la cabeza erguida. Podrá decir "Adiós, mamá."

Control

"No," me dice mamá suavemente.
"No, lo siento, eso no se hace."
Ella me dice qué cosas no se pueden hacer.
Pero no se pasa diciéndome "NO" todo el día.
Ella es buena conmigo.
Me dice que no haga ruido cuando
el bebé duerme; que cuide mis juguetes
porque son caros y que preste atención
porque eso es de niños educados.
Ella no me grita ni pelea conmigo.
si le hago daño a alguien, me castiga:
"Puedes tener malos sentimientos, pero
no permitiré que le hagas daño a nadie," me dice.
Pero sé que me quiere, aunque a veces
tenga que castigarme.

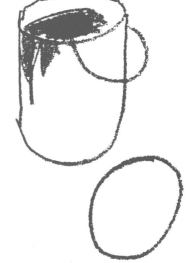

¿Cómo Controlo Al Niño?

Trato de enseñarle a controlarse a sí mismo.

Tan pronto tiene capacidad — le enseño la palabra "controlar." Controlar la mano para pegar o arrebatar. Controlar la boca para morder o escupir. Controlar los pies para patear. Controlar la voz para gritar. Controlar las palabras para hablar.

Le impongo límites cuando aún es pequeño.

Le enseño que hay cosas que no se hacen y no le dejo actuar a su antojo. Y me ciño a esto *todos los días.*

Soy firme, pero no brusca.

Sé que a mi niño le gusta regirse por reglas justas. Aun mis hijos mayores tienen ese mismo gusto.

Le explico por qué.

Aunque el pequeño no me entienda, yo le explico el por qué. Pronto comprenderá que tengo mis razones para negarle algunas cosas. "No puedes hacer eso porque . . ." (Aunque no le guste, llegará a comprenderlo). Cuando sea mayor me respetará por ello.

Trato de ser un buen ejemplo.

A veces pierdo la paciencia. Cuando esto me ocurre, le digo: "Lo siento. Fui ruda. Es culpa mía. Hoy las cosas no me van bien y me parece que la estoy tomando contigo." Es asombroso cómo caen estas palabras. Siempre es necesario dar una explicación y por ello el niño me respeta.

Sé cómo te sientes.

Le explico que enfadarse o sentir rencor son sentimientos inevitables a veces, pero que nunca deben producir malos efectos sobre los demás. Lo que es MALO es su comportamiento. Y esto el niño puede corregirlo.

Creo que mi hijo será *lo que yo espero que sea.*

Orientación

Mi mamá sabe que necesito una mano amiga
que me ayude al crecer.
Sabe que de verdad quiero ayuda.
Mi mamá me ayuda a compartir con los demás y
a llevarme bien con todos.
"Juanito también quiere jugar," me dice, "yo sé que
lo invitarás a jugar contigo."
Mi mamá sabe que necesito estar activo: moverme
mucho, jugar, correr, saltar. Sabe que aprendo
jugando. A veces juega conmigo y otras deja que
juegue solo.
Mi mamá me ayuda a aprender a crecer.

Cómo Orientar Al Niño

Comprendo que mi hijo no es un adulto.

Es un niño y sé que debe actuar como tal. El piensa como un niño y yo como un adulto. Esto me ayuda a orientarlo.

Le enseño.

Le explico que es seguro y qué es peligroso; qué puede tocar, apretar o tirar. Le enseño a hacer cosas que no sean difíciles para él. Se daría por vencido y sería infeliz si le enseñara a hacer cosas para las que no está capacitado. Cuando se propone hacer algo, le enseño a que siga tratando y a no darse por vencido.

Mi hijo necesita cierta libertad.

Para que sea él mismo, el niño necesita libertad. Tiene que aprender a buscar cosas que hacer y a encontrarlas (aros para echar a rodar, cuerda para

atar, cajitas para hacer torres, etc.). Mi niño no necesita que esté constantemente advirtiéndole: "deja eso", "sal de ahí", "no toques." No hace falta, a no ser que tenga una razón especial para hacerlo. Si lo reprendo constantemente, el niño puede volverse tímido y no intentará hacer cosas por su cuenta.

Sí, mi niño necesita orientación. Buena orientación.

Lo animo para que juegue mucho.

Sé que el niño aprende mucho jugando. Le hablo mientras juega para que aprenda muchas palabras. Le doy envases plásticos, cacerolas y ollas para que juegue; catálogos viejos para que recorte láminas y cajas para que haga trenes.

Mientras hago mi trabajo el niño juega solo. Quiero que se invente cosas y que sea curioso porque el niño puede aprender muchas cosas por su cuenta. También quiero que juegue con otros niños. Mi niño tiene que aprender que no siempre se hace lo que él dice, que es bueno compartir, esperar su turno y hacer amigos.

Independencia

Mi mamá me deja hacer cosas por mi cuenta.
Si me quiero abotonar la camisa ella me deja intentarlo.
Cuando lo que quiero hacer es difícil, ella me ayuda.
Ella cree que yo soy capaz de hacer muchas más cosas solo.
Yo sé amarrarme los zapatos y cerrar la cremallera de mis pantalones.
Sé dónde guardar mis cosas.
Mi mamá dice que estoy creciendo hermoso y **LISTO.**

¿Qué Hago Para Que Mi Niño Crezca Independiente?

Le enseño qué es el trabajo.

El trabajo es divertido cuando uno es niño. Casi no es trabajo. Pero me parece que mi hijo debe saber qué es. Cuando mi niño le da los clavos a su papá o a cualquiera que esté reparando algo en la casa, le digo: "estás ayudando a trabajar." Cuando le doy un trapito para limpiar le digo que eso es **trabajo**.

Le hablo del trabajo de otras personas. Del policía, el basurero, el médico, el maestro, el bombero, el lechero, y de todos cuantos nos ayudan. Quiero que comprenda el valor del trabajo de todas esas personas.

Dejo que intente.

Esto no siempre es fácil porque luego tengo que limpiar y recoger. Pero sé que no podrá aprender a valerse por su cuenta, si no le doy la oportunidad. A veces pierdo la paciencia esperando. ¡Yo podría hacerlo tan rápidamente!

Le doy qué hacer.

Mi niño me ayuda a doblar la ropa (las prendas pequeñas). Separa su ropa y sabe dónde guardarla. También sabe guardar sus juguetes. Me ayuda a sacar la basura, a quitar el polvo y a rocoger el patio; es capaz de batir un bizcocho y hacer jugos. Pone los cubiertos en la mesa.

Lo estimulo.

Lo estimulo para que termine lo que ha empezado. Si tiene mucha dificultad y veo que se irrita, lo ayudo un poco pero DEBE TERMINAR.

Lo estimulo a seguir instrucciones que tengan un propósito definido: "Por favor, cierra la puerta. Hace frío en esta habitación." "Traeme las papas para pelarlas." Lo felicito por su trabajo. Pero en vez de decirle "¡Qué chico tan listo!" le digo: "Lo has hecho muy bien." Se sentirá orgulloso de lo logrado.

Respeto Por Los Demás

Mi mamá sabe que tengo que ser bueno.
Siempre me dice: "Eres una gran ayuda."
¡Eso me gusta!
Ella sabe que debo apreciar al prójimo.
Y quiere que me sienta a gusto con otras personas.
Yo no sé mucho sobre la gente.
Pero mi mamá me enseña.

¿Cómo Le Inculco El Respeto A Los Demás?

Le hablo.

Le hablo de mi preocupación por el niño que no tiene abrigo en el invierno o el que necesita muletas para andar.

Le hablo de la viejecita que no puede subir la escalera sola y del viejo solitario que vive a nuestro lado. Le hablo del niño huérfano y del hombre sin hogar.

No exagero. Le hablo de esto de vez en cuando.

Le llamo la atención.

Lo hago recapacitar cuando no le gusta alguien . . . "pero Juanito te necesita. Necesita tu amistad." "Quizá Pedrito pelea porque tiene algún problema." "Tal vez Sara llore porque se siente sola."

Quiero que mi hijo comprenda las necesidades de los demás; que comprenda que las personas son diferentes y actúan de manera distinta unas de otras. Cuando mi niño ayuda a alguien, lo felicito.

"Estoy segura de que la señora López se sintió orgullosa cuando la ayudaste a recoger las hojas." "Fue amable de tu parte no gritar en el patio para que el abuelito pudiera dormir la siesta."

Le recuerdo.

Le recuerdo que Jaime se molesta cuando lo llaman "gordinflón", o Felipe cuando le dicen "patitas de alambre" o Alfredo si lo llaman "enano."

Le recuerdo que no debe reirse de las personas ni tampoco de sus errores.

Le leo, le explico y le pregunto.

La lectura provoca en el niño sanos pensamientos y sentimientos buenos. Le leo cuentos, le enseño las láminas y le hago preguntas para animarlo a pensar. ¿Qué hubieras sentido si te hubiese ocurrido lo mismo? ¿No te parece que Elisa hizo bien al compartir? ¿Por qué la gallinita no quiso compartir su pan?

La lectura ayuda al niño a formar buenas cualidades. Quiero que mi hijo sea amable y considerado, confiable y honrado, responsable y justo.

Si comienzo pronto a enseñarle a mi hijo estas costumbres, lo recordará cuando sea mayor.

Confianza En Sí Mismo

Mi mamá quiere que piense bien de mi mismo.
Quiere que yo crea ¡**que soy importante!**
Ella me ayuda a creer en mi mismo.
Me ayuda a **sentirme capaz.**
   Dice que yo soy **verdaderamente especial.**
Yo creo que ella también es especial.

Cómo Ayudar Para Que Confíe En Sí Mismo?

Mi hijo necesita sentirse orgulloso de algo.

Podría ser de un dibujo o de un cuadro que no significa nada para mí. Pero si se ha empeñado y dice: "Mira, Mami," yo miro y lo animo para que me diga cómo lo hizo y lo cuelgue en una pared de la casa.

O tal vez haya recogido las hojas del patio y le digo: "Madre mía, qué bonito se ve el patio." Enseguida saca el pecho y le brillan los ojos.

Se siente orgulloso de lo que ha hecho porque ve que me ha gustado.

Puedo ayudarlo a que crea en sí mismo.

Elogios. Cumplidos. Son importantes cuando se los ha ganado, pero si no se los merece, no le miento. Una cosa fácil podrá realizarse facilmente. Después de todo, no puedo esperar que camine antes de sentarse.

Y no quiero que se le asigne una tarea que no pueda hacer. Nunca se sentirá satisfecho consigo mismo, si fracasa.

No lo comparo con los demás.

Mi hijo es un individuo. Soló hay uno como él. Sé que es complejo y quiero que sea EL MISMO. Quiero que sólo se compare consigo mismo.

"Pero mamá, ¡no puedo trepar tan alto como Juan!" me dice. Y le respondo: "Pero haces muy bien otras cosas."

Esto no significa que alguna vez no fracase. A veces los niños aprenden con el fracaso. Pero repetidas veces puede acabar con su sentimientos. Y tampoco esto significa que el niño se satisfaga con poco. Mi placer consiste en que mi hijo haga *lo mejor que pueda* sin compararse con nadie.

Si puedo ayudar a que mi hijo sienta esta confianza en sí mismo, lo habré ayudado a CREER EN SÍ MISMO por lo que vale. Así abrigaré la esperanza de que llegue a ser buen ciudadano, buen miembro de familia y persona que *actua* porque SABE QUE PUEDE.

¡Mi mamá me quiere de veras!
Y, ¿sabes una cosa?
¡Yo la quiero a ella también!

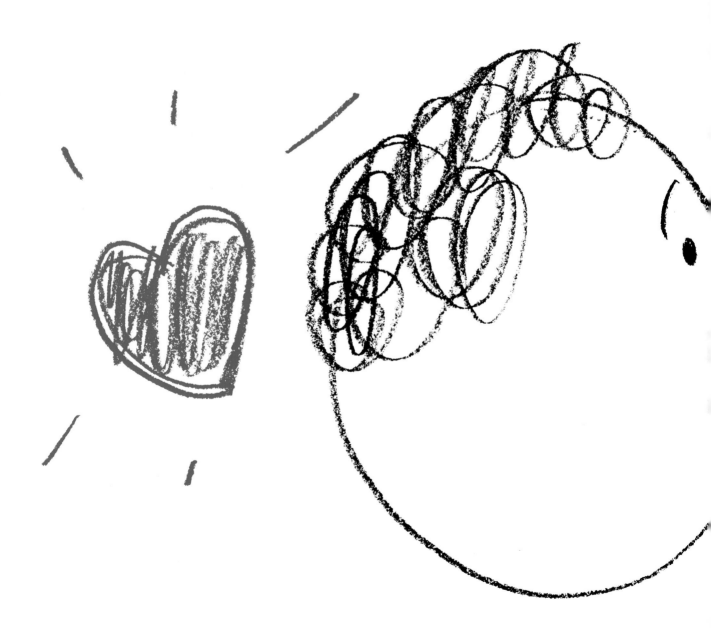

Amor

¡Mi mamá me ama!
Ella dice que se preocupa por mí.
A veces me besa.
Se sienta cerca de mí y me abraza fuerte.
"No podría vivir sin ti," me dice.
¡Mi mamá me ama!

CAPÍTULO 2

LA IMPORTANCIA DE LOS BUENOS SENTIMIENTOS

Los buenos sentimientos son importantes. Los educadores creen que los niños aprenden mejor cuando se sienten satisfechos de sí mismos.

Es bien sabido que la inteligencia tiene su parte en cuán fácil considera el niño el aprendizaje; pero a la misma vez muchas personas creen, hoy en día que, *más que ninguna otra cosa*, los sentimientos del niño afectan su capacidad de aprendizaje.

Los educadores llaman a esto "El Concepto de Sí Mismo." Realmente significa si el niño tiene o no confianza en sí mismo, si tiene o no un sentimiento de autovaloración e importancia.

Cómo piensa el niño puede ser más importante que lo que sabe. Esta aseveración puede resultarle chocante, pero se considera que la mayoría de los jóvenes y adultos que se ven involucrados en serios problemas tienen opiniones muy pobres sobre sí mismos.

Si un niño no tiene una buena opinión sobre sí mismo y sobre los demás, el aprendizaje se le hará más difícil. El sentimiento de "Soy Nadie" hará que el niño no se esfuerce suficientemente, que no desee aprender, que no le importe si tiene éxito o no. Y este sentimiento puede crear problemas de aprendizaje o de comportamiento.

El concepto de sí mismo es algo *aprendido*. Se enseña en el hogar (y en la escuela) mediante las cosas que usted dice, mediante su forma de mirar, las reacciones que tiene, las cosas que hace para el niño y por el niño.

¿Cómo puede el niño aprender a pensar bien de sí mismo? ¿Qué puede hacer usted?

De eso trata este capítulo.

Tenga Un Hogar Feliz

Nada contribuye más a que el niño se sienta satisfecho de sí mismo que un hogar feliz y una escuela feliz.

Los padres y los maestros representan fuertes influencias para ayudar a desarrollar este sentimiento.

Los niños necesitan sentir que tienen un hogar y una escuela en los que tienen cierta libertad, pero en los que entienden que hay ciertas normas de convivencia.

Y necesitan tomar parte en la formulación de estas normas. Al hacerlo, sentirán más respeto por ellas y tratarán de regirse por ellas.

Si el niño sabe que se le tratará justamente y con respeto, se sentirá mejor y más cómodo.

"Puedo Hacerlo"

Si los primeros años del niño han sido buenos, será difícil fracasar en los primeros años de escuela.

Su niño necesita sentir, "puedo hacer eso." Si tiene este sentimiento o creencia de sí mismo, estará más predispuesto a aprender.

Será un golpe para el niño si comienza los primeros años de escuela con el sentimiento de que no sabe muchas cosas. Cuando comienza a leer, escribir y deletrear, necesita tener la sensación de que es alguien importante.

Los niños tienen que estar listos para aprender destrezas; pero no todos los niños están listos para aprender a la edad de seis años, por ejemplo. Los niños son diferentes y no aprenden al mismo ritmo. Si se les fuerza o sienten que el hogar o la escuela está en contra de ellos, tendrán problemas de aprendizaje.

Así que establezca metas realistas para su niño. Déle la oportunidad de desarrollarse sin presionarlo y sin compararlo con otros. Si lo hace así, él tendrá un buen concepto de sí mismo.

Ayude al niño a desarrollar este sentimiento estimulándolo cuando piense que no puede hacer algo.

Posiblemente necesite decirle, "Claro que puedes. Ven, te ayudaré."

Muestre Interés En Lo Que El Niño Hace

"¿Ves esto?"

Cuando el niño dice esto, ¿qué hace usted?

Por el amor de Dios no diga, "¿No sabes dibujar mejor?

No diga, "pero las vacas no son violeta."

Y no diga, "Habráse visto; colorear un calcetín de rojo y el otro de verde."

Usted ayudará a que el niño mejore sus sentimientos si lo hace sentirse orgulloso de sus logros. Y ciertamente está lo suficientemente orgulloso de ello como para mostrárselo a usted.

Mejor diga, entonces, "Sí, está muy bien. ¿Te gustaría colgarlo en tu cuarto? ¿Podría enseñárselo antes a abuelita?"

Elogie

Una palmadita en el hombro.

Una sonrisa.

Una palabra alentadora y estimulante de vez en cuando.

Usted puede ayudar a desarrollar buenos sentimientos en el niño cuando lo elogia, pero es importante que el elogio sea merecido. Si usted elogia cualquier detallito, él sabrá que usted no es sincera.

Esto evitará que intente.

Es mejor elogiar lo que han hecho, que elogiarlos a ellos:

"¡Cielos, qué bonito luce tu cuarto!"

"Te agradezco mucho, mucho que me ayudes con el bebé."

"María, me agradó la atención que pusiste cuando la Señora de Julián estaba hablando."

Haga Un Gran Acontecimiento De Los Cumpleaños

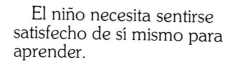

El niño necesita sentirse satisfecho de sí mismo para aprender.

Haga de los cumpleaños algo especial. No toma mucho tiempo preparar un bizcocho sencillo, ni mucho dinero un regalo sencillo.

Los libros son buenos regalos, especialmente si usted hace al niño sentir que los libros son muy interesantes.

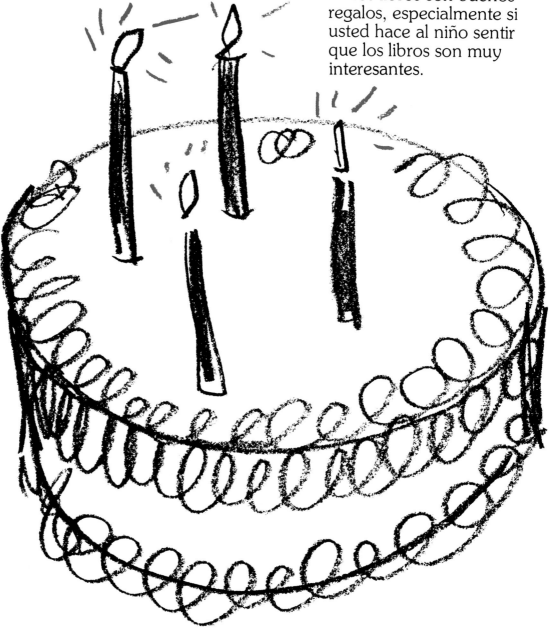

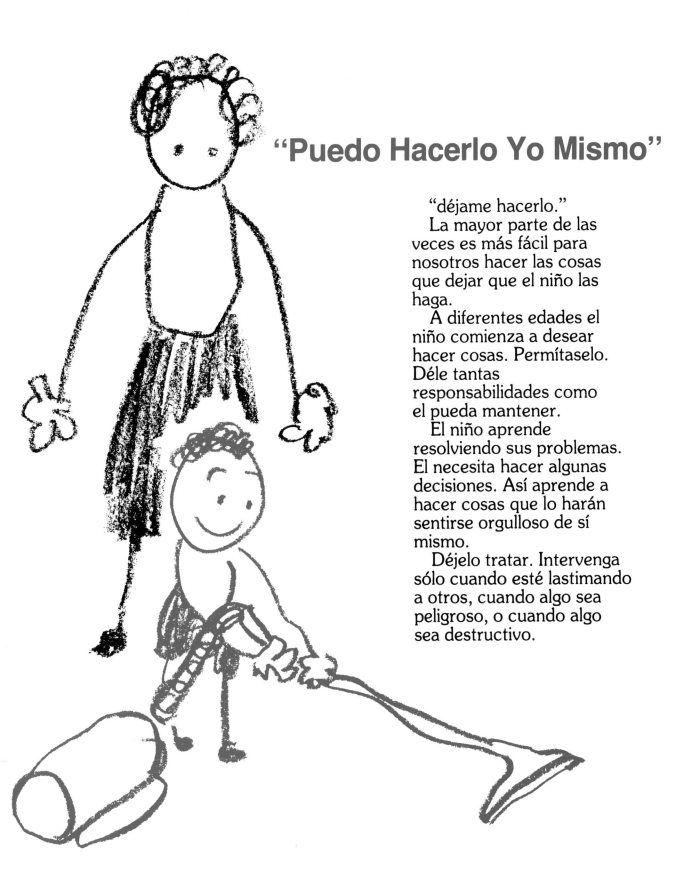

"Puedo Hacerlo Yo Mismo"

"déjame hacerlo."
La mayor parte de las veces es más fácil para nosotros hacer las cosas que dejar que el niño las haga.

A diferentes edades el niño comienza a desear hacer cosas. Permítaselo. Déle tantas responsabilidades como el pueda mantener.

El niño aprende resolviendo sus problemas. El necesita hacer algunas decisiones. Así aprende a hacer cosas que lo harán sentirse orgulloso de sí mismo.

Déjelo tratar. Intervenga sólo cuando esté lastimando a otros, cuando algo sea peligroso, o cuando algo sea destructivo.

"No Puedo Hacerlo"

"No puedo dibujar un caballo. Dibújame uno."

¿Ha dicho alguna vez su niño cosas como éstas? Si lo ha hecho, es una señal bastante clara de que no se siente competente.

Usted puede decir, "Claro que puedes. Hazlo como tu crees que es. Dibújalo de la forma que te guste."

Luego deje que lo haga sin decirle, "Así no se hace."

Si usted le hace los dibujos, él puede sentir que tiene que hacerlo tan bien como usted. Pero existe la posibilidad de que sus ojos no estén suficientemente desarrollados para ver las cosas como usted las ve.

Es sólo un garabato para usted; pero si es de él, él puede sentir cierto orgullo aunque a usted le parezca bien o no. Esto lo ayudará a sentirse satisfecho de sí mismo. Y sentirá que *puede* hacer las cosas.

Mire Al Niño En Los Ojos

Desde luego que es imposible detenerse cada dos o tres minutos a escuchar lo que el niño quiere decir

Sin embargo, un padre inteligente sabe que escuchar puede desempeñar un papel importante para lograr que el niño se sienta que vale la pena.

El niño sabrá que usted se preocupa cuando usted se toma el tiempo suficiente para mirarlo en los ojos mientras oye lo que él tiene que decir.

Esta buena voluntad de escucharlo puede ayudar al niño a sentirse más satisfecho de sí mismo. "Vales la pena." "Eres importante." "Cuentas."

"¿Soy Mejor Que . . . ?"

"Mami, ¿soy mejor que Dalila?"

Algunas veces los niños hacen estas preguntas.

El hábito de preguntar "¿Soy mejor que . . . ?" debe ser observado con cautela. A cada niño se le debe dar crédito por lo que es y lo que puede hacer sin compararlo con nadie.

Probablemente deberíamos contestar tales preguntas diciendo: "Pues estoy segura de que en algunas cosas debes ser mejor que Dalila. Y Dalila debe ser mejor que tú en otras. Yo sé que no puedo coser tan bien como su mamá, pero puedo conducir el automóvil muy bien."

Enseñe Al Niño A Ser Util

Quizás el niño sea demasiado pequeño para hacer algunas cosas, pero se le puede enseñar a recoger la ropa y los juguetes.

Separe uno de los cajones de abajo en el vestidor especialmente para el niño. Enséñelo a buscar sus cosas: "Ve a buscar tus calcetines rojos para que te hagan juego con el suéter,"

Se espera que los niños mayores ayuden con las faenas domésticas: Hacer las camas, limpiar, doblar ropa.

Todo es buen entrenamiento.

Si el niño se siente útil en la familia, habrá mayores posibilidades de que se sienta satisfecho de sí mismo.

Trate y verá.

Enseñe Al Niño A Sentir Agrado Por Los Demás

Las personas se ven diferentes. Pueden tener el cabello rojo y pecas, o la tez oscura, o las piernas demasiado largas para su tamaño. Pueden ser gordas o delgadas, o altas o bajas.

Enseñe al niño, dándole el ejemplo, a aceptar y respetar las diferencias en las personas.

Si aprende esto temprano, estará aprendiendo también a valorarse y a creer en sí mismo.

Es muy sencillo decir esto cuando perdemos la paciencia.

Pero al hacerlo, los niños creen que los consideramos *incapaces* de aprender.

Creen que pensamos que no son muy inteligentes. Y eso duele.

Entonces ceden en su empeño y dejan de tratar.

Tenga paciencia. Cuente hasta 10 . . . o hasta 100, si es necesario. El niño se beneficiará.

"¿No Puedes Aprender Nada?"

"No Puedo Ser Perfecto"

No podemos esperar que los niños sean adultos pequeños.

Si se han de sentir confiados y seguros, se les debe permitir en ocasiones que las cosas no marchen como nosotros queremos.

También ayuda el que admitamos los errores que cometemos. Ellos necesitan saber que nosotros tampoco somos perfectos.

"Lo siento. No debí haberte gritado. Me he sentido mal durante todo el día."

El Exito Engendra Exito

Cuando los niños tienen éxito -y hemos hablado sobre la forma de ayudarlos a tenerlo — comienzan a confiar en sus capacidades. Y mientras más creen que pueden hacer, por lo general más pueden hacer.

Necesitamos enseñarles que pueden hacer algunas cosas bien y que pueden tener problemas con otras personas. Esperamos de ellos lo mejor que puedan hacer.

"Estoy Satisfecho De Mí"

En verdad es usted un padre con suerte si su niño puede decir "Estoy satisfecho de mí."

Si su niño verdaderamente se siente así, tendrá una tendencia mayor a encontrar fácil el aprendizaje en la escuela.

Queremos que el niño piense:

"Puedo hacer cosas."
"Soy importante."
"Puedo aprender."

Usted puede desempeñar un papel muy importante en estos sentimientos elogiándolo cuando trata de hacer algo; felicitándolo cuando hace algo bien; poniéndolo a hacer cosas adecuadas a su edad; haciéndolo sentir que es una persona importante por derecho propio; y ayudándolo a saber que su familia lo quiere y lo respeta.

Experiencias

"¡Yo he visto eso!" "¡Yo he hecho eso!" El niño se siente contento. Se siente contento porque ha logrado reconocer algo que ha oido o visto.

El niño puede captar el significado de las palabras porque ha tenido esas experiencias previamente. Experiencias haciendo y viendo cosas; experiencias visitando distintos lugares —lugares en su propia vecindad; experiencias conociendo nuevas personas y sintiéndose cómodo con ellas. Todas contribuyen al aprendizaje del niño.

Mientras más ve, oye y hace, más conocerá. Mientras más conoce, más contento está y más facilmente aprende. Mientras más aprende, es más capaz de aprender, más se considera a sí mismo. ¡Y así continúa . . !

"Estúpido"

Sin pensarlo, muchos padres han dicho esto con el tono de voz, gestos faciales, o mirada. Cualquier cosa que haga al niño sentirse malo; cualquier cosa que haga al niño sentirse bobo; cualquier cosa que haga al niño sentirse como un "Don Nadie," le causará tener una baja opinión de sí mismo.

Cuando tiene una baja opinión de sí mismo, actuará de tal forma que lo demuestra. Esta es la causa de muchos problemas en el aprendizaje y el comportamiento del niño. El niño actúa en esa forma porque siente que es lo que se espera de él.

"¡Todo el mundo cree que soy malo. Así que es mejor que lo sea!" "¡Ella cree que soy estúpido! ¡De veras no puedo aprender!"

Un padre sabio enseñará a los niños mayores a no llamar "estúpido" a los niños menores. Los padres sabios también tienen cuidado con su lenguaje y evitan todas las palabras que "empequeñecen" al niño. Palabras como: *bobo, vago, sucio, malo, loco, odioso, llorón* o *chismoso.* Estas palabras causan penas y estas penas llegan a tener malas consecuencias para el niño.

Sentimientos de Culpabilidad

Si a su hijo se le inculcan sentimientos de culpabilidad, se sentirá disgustado. Si se le hace sentir culpable por un error que haya cometido, el niño no se sentirá bien consigo mismo.

Enseñamos que algunas cosas están "bien hechas" y que otras cosas están "mal hechas." Si recalcamos los sentimientos de culpabilidad, le resultará mucho más difícil al niño aceptarse a sí mismo.

¡No entienda mal! Naturalmente no podemos permitir que el niño crea que puede hacer "cosas malas." Necesita corrección o consejo. Posiblemente necesita castigo.

Pero una larga serie de "debias de estar avergonzado" hará al niño sentirse que es malo, como que no merece ser querido. Cualquier cosa que le afecte la personalidad en forma negativa una vez y otra vez, causará malos sentimientos.

Como padres, permitimos errores. Es la forma humana de actuar. La correción de los errores es lo importante.

"Estoy Aprendiendo..."

A los niños les es necesario sentir que están aprendiendo. "¡Mira! ¡Lo puedo hacer!" "¡Puedo armar un rompecabezas!" "¡Me gusta oir cuentos!" A su niño le es necesario sentirse orgulloso, importante y "grande."

Los niños son diferentes unos de otros—tanto interna como externamente. Lo que pueden hacer depende de la edad y del nivel de desarrollo. Cuando es el momento oportuno, el éxito es inmediato; o un fracaso seguido por un éxito. Demasiados fracasos mantendrán al niño sentiendose "pequeño" y el sentirse "pequeño" es malo para su propia estimación. Comience con cosas sencillas. Cuando las haya aprendido, asígnele tareas más difíciles. Déle aliento a su hijo a cada paso. Use lo que su niño sabe como una base para la próxima etapa de desarrollo.

¡El padre sabio hace esto sin "empujar"! Demasiada coacción puede ser dañina. ¡Un buen padre hará que el niño se sienta "grande"!

"¡Soy Fuerte!"

"¡Puedo saltar en un solo pie!" "¡Puedo martillar un clavo!" "¡Puedo correr rápido y subir una escalera!"

El niño tiene un sentido de realización y se siente orgulloso de su desarrollo físico. La destreza motor es importante. Los niños necesitan desarrollar este aspecto de su crecimiento.

Los padres pueden proporcionarle ayuda con muy poco esfuerzo. Se pueden encontrar muchos objetos en la casa o gratis en el mercado. Cazuelas viejas, sacos de papel, esponjas, botellas plásticas, cartón, rollos, cajas de zapatos, cajas de tabacos, y cajas de cereal—todas

tienen uso ayudando al niño a fabricar, manipular e imaginar.

Papá puede convertir una llanta vieja en un columpio o puede proporcionarle una tabla para balancear. Cajas o barriles para usar como tuneles o una pelota para tirar.

El niño puede desarrollar los músculos pequeños cortando con tijeras embotadas. Puede modelar con macilla, armar rompecabezas, colorear, recoger objetos pequeños y colocarlos en distintos recipientes. Todo esto es bueno para el desarrollo de músculos pequeños.

Cuando su niño se siente que "soy fuerte" se sentirá importante. ¡Papá y Mamá, ayúdenle!

¡A los tres años, el niño se siente que es realmente ALGUIEN! Comienza a disfrutar del juego con otros niños. Anteriormente, prefería jugar solo. Cuando comience a interesarse en jugar con otros, tal vez tenga necesidad de ayuda para hacer amigos.

¡La mayoría de los niños pequeños no quieren compartir las cosas y pelean y se dan golpes! Un padre sabio interfiere en una forma firme y cariñosa.

"Juan quiere jugar con el camión ahora." "Tu turno para mecerte en el columpio es después de María." "Samuel compartirá las piezas cuando termine de fabricar su edificio." Hable como si no cabe duda. Usted se preguntará si este método da resultado, pero la forma en que el niño aprende a compartir es con la ayuda de los padres.

"Le Gusto A Otros"

"¿No te divertiste mucho jugando con Susana?"
"Me gustó mucho la manera como jugaron juntos hoy."
"¡Son tan buenos amigos!"

Hablandole a su niño acerca de sus amigos, le ayudará a conocerles mejor. Cuando él esté en los grados primarios, tendrá menos problemas si siente la aceptación de algunos de sus compañeros. Este aspecto tomará más importancia según crezca su niño. Invite a otros niños a jugar en su casa o jardín. Proporciónele la oportunidad de enriquecer sus amistades.

Como Medir Los Sentimientos De Su Niño

¡La respuestas de su hijo
a estas preguntas le dirán!
¿Como se siente su hijo?

SI	**NO**	Yo se muchas cosas.
SI	**NO**	Yo puedo aprender.
SI	**NO**	Mis padres me escuchan.
SI	**NO**	Nadie espera demasiado de mí.
SI	**NO**	No fracaso a menudo.
SI	**NO**	Me gusta tener nuevas experiencias y hacer nuevas amistades.
SI	**NO**	Raramente otras personas me hacen sentirme avergonzado.
SI	**NO**	Frecuentemente, hago cosas a mi manera.
SI	**NO**	Puedo dar mi opinión con frecuencia.
SI	**NO**	Soy un buen ayudante.
SI	**NO**	Creo que estoy mejorando.

(MARQUE **SI** O **NO**)

SI	**NO**	Puedo hacer muchas cosas.
SI	**NO**	Creo que estoy mejorando.
SI	**NO**	Mi papá (o mamá) me quiere.
SI	**NO**	Me gustan mis compañeros de juego. (Si tengo más de tres años.)
SI	**NO**	Le gusto a mis compañeros de juego.
SI	**NO**	Soy fuerte.
SI	**NO**	Me gusta intentar hacer cosas.
SI	**NO**	Me dan aliento a corregir mis errores.
SI	**NO**	Yo no puedo hacerlo todo bien.

*Si la respuesta a la mayor parte de las preguntas
es "SI," su niño se siente orgulloso de sí mismo.
Estos sentimientos son importantes.*

Ayude A Su Niño Con Su "Halo"

Su niño no es mejor que otros. Pero tampoco es menos importante. Como persona, tiene la misma dignidad. Enséñele a su niño que su dignidad no depende sobre:

el color de su piel
la calidad de la ropa que usa

el dinero que su familia tiene
el tipo de trabajo de su padre o madre
el tipo de casa en la cual vive.

Si como padre, Vd. opina de esta manera, su niño compartirá su opinión.

Los sentimientos son "demostrados," tan bien como "enseñados." Este es el secreto de un buen comienzo en la vida. Le enseñará a su hijo a hacerle frente a la vida. El orgullo, cuando no es excesivo, es necesario para la propia estimación.

CAPÍTULO 3

Estimado padre: Las lecciones de este capítulo han sido diseñadas para que las usen maestros, instructores, tutores, visitantes del hogar, los padres y otros miembros de la familia. Antes de que el niño aprenda a leer, se necesitan muchas cosas que ayuden a desarrollar las destrezas, las actitudes, y la comprensión que lo ayudan a que aprenda a leer temprano. Ninguna de estas lecciones requiere materiales especiales, estos se encuentran disponibles en el hogar. Las lecciones están diseñadas para concentrarse en el desarrollo de aspectos que nuestros pequeñines deben saber antes de comenzar formalmente la enseñanza de lectura:

1. *Significado y comprensión de las palabras* (por lo general el niño que dice bien muchas palabras, tiene una mejor oportunidad de aprender a leer).

2. *Diferenciación visual* (reconocer parecidos y diferencias, mirar, observar).

3. *Organización en categorías* (buscar qué cosas pertenecen o no, al grupo). ¡Esto es pensar!

4. *Auditivo* (oír los sonidos, oír mientras usted habla y lee, seguir instrucciones).

5. *Táctil* (palpar las cosas).

Use esta guía frecuentemente, los niños aprenden mucho con la repetición. Se le pueden ocurrir otras actividades similares a las sugeridas, que puede hacer con el niño. La naturaleza es todo un mundo de aprendizaje. Enseñe a su niño a observar; estimúlelo a hacer preguntas, y desarrolle su curiosidad.

¡Diviértase con las lecciones! Hágalas breves (diez minutos es suficiente).

Padre, recuerde que usted es un maestro . . . el maestro más importante que podrá tener su niño.

Diversión Con Emparedados

Lo que necesita: Dos rebanadas de pan y algo para preparar un sandwich (como mantequilla de cacahuate, mermelada).

Por qué: Para enseñar la comparación de números, formas, y el significado de varias palabras.

Qué hacer: Mientras prepara algo de comer para su niño, o la cena de la familia, hable y enseñe a su pequeño.

Suponga que está preparando un sandwich. Inicie una conversación como por ejemplo:

"¿Cuántas rebanadas de pan necesitamos?"

"¿Qué más necesitamos?" (Estimule al niño a contestar *jalea, mantequilla de cacahuate, un cuchillo para untar,* etc.)

"¿Cuánto queda en el frasco?" (Estimule al niño a observar si está *casi vacio, casi lleno, medio.*) Si se está

terminado, diga, "Sí, hemos comido casi todo. Pronto tendremos que comprar más."

Al untar la mantequilla de cacahuate, digale al niño lo que hace.

"Unto la mantequilla de cacahuate en esta *esquina,* luego en la *otra esquina,* y luego en las otras dos esquinas."

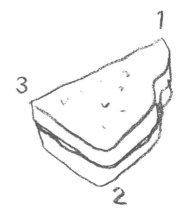

"¿Cuántas esquinas tiene?"
Vamos a contar juntos, una, dos,
tres, cuatro. Si . . . esto es un *cuadrado*
. . . repítelo conmigo. Sí, un
cuadrado." (Usted le está enseñando
formas y números.)

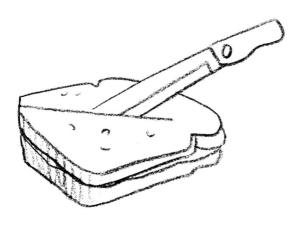

"Ahora colocamos la otra rebanada
sobre ésta. ¿Lo quieres partido *en dos
pedazos* o lo quieres *entero?* (Madre,
está vd. enseñando a su niño números
que lo ayudarán más tarde . . . y le da
la oportunidad de escoger.) Si él
contesta que en dos pedazos, diga:

"Ahora tomo el cuchillo y lo corto
de una esquina a lo otra . . . Mira, he
hecho un *triángulo* . . . tiene *tres lados.*
Cuéntalos conmigo."

"Ahora, ¿estás listo para comer?
Recuerda, *con cuidado,* no dejes caer
las migajas . . . Eso es. Vaya, ¿no está
delicioso? Está muy bueno."
Madre, éste es un ejemplo de cómo
hablar a su pequeño mientras trabaja.
No debe tomar tiempo adicional. Su
niño se sentirá feliz de que usted hable.
Aprenderá muchas palabras.

Un simple sandwich le puede
ayudar a enseñarle 25 significados de
palabras y hasta más. Pero su niño no
lo aprenderá la primera vez . . . siga
repitiendo.

Papas Para Enseñar

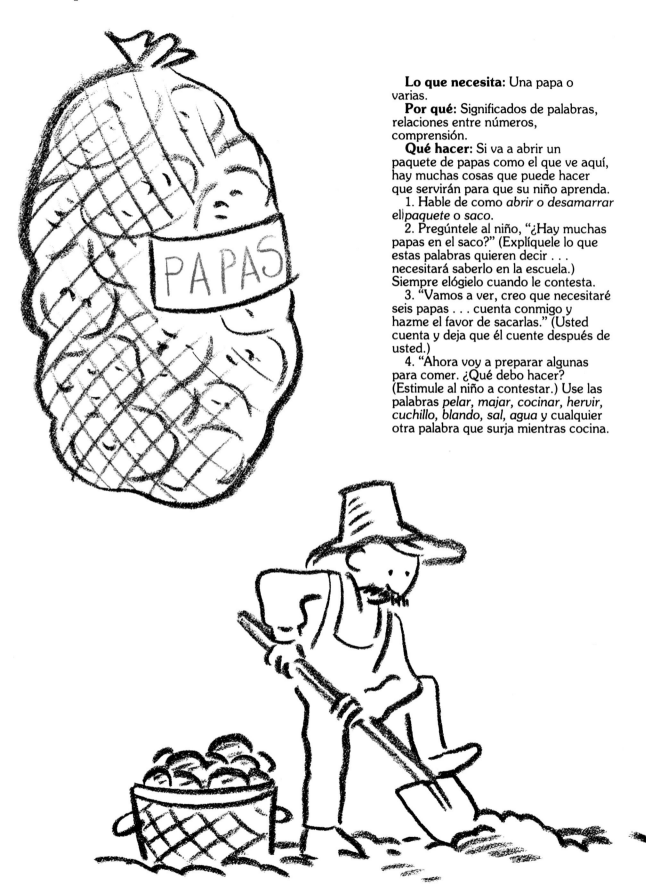

Lo que necesita: Una papa o varias.

Por qué: Significados de palabras, relaciones entre números, comprensión.

Qué hacer: Si va a abrir un paquete de papas como el que ve aquí, hay muchas cosas que puede hacer que servirán para que su niño aprenda.

1. Hable de como *abrir o desamarrar* el paquete o *saco*.

2. Pregúntele al niño, "¿Hay muchas papas en el saco?" (Explíquele lo que estas palabras quieren decir . . . necesitará saberlo en la escuela.) Siempre elógielo cuando le contesta.

3. "Vamos a ver, creo que necesitaré seis papas . . . cuenta conmigo y hazme el favor de sacarlas." (Usted cuenta y deja que él cuente después de usted.)

4. "Ahora voy a preparar algunas para comer. ¿Qué debo hacer? (Estimule al niño a contestar.) Use las palabras *pelar, majar, cocinar, hervir, cuchillo, blando, sal, agua* y cualquier otra palabra que surja mientras cocina.

Cuando tenga tiempo después, tome una papa y háble sobre el exterior y el interior. Enséñele que se ven diferentes. (Enséñele las palabras igual y diferente.) Muéstrele los botones de la papa y explíquele que cuando el agricultor siembra las papas, las corta de manera que el "botón" *crezca bajo la tierra* y se convierta en una planta. Luego las pequeñas papas crecen alrededor de las raíces bajo tierra y se vuelven *más y más grandes*. Luego el agricultor las desentierra y las lleva a la tienda (el mercado) y nosotros las compramos para comer.

(Es posible que su niño no comprenda todo lo que usted dice . . . pero le sorprenderá lo mucho que puede recordar.)

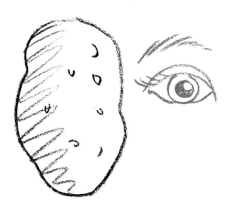

Tras haber hablado de los "botones de ia papa," pídale que le muestre los botones de su camisa (o blusa). ¿Para qué sirven los botones? Si, para mantener la camisa abotonada. ?Se abotona la papa? (Elógielo cuando dice, "No.") Recuerde que le está enseñando a pensar.

5. Tome tres papas, una pequeña, una mediana, una más grande.

Pídale que le muestre *la más grande, la que le sigue en tamaño y la más pequeña.* Enséñele y luego vuelva a preguntarle.

Recuerde . . . ALABELO.

Cuando tenga tiempo, enséñele cómo hacer una cara en una papa cavando los ojos, la nariz y la boca. Permita que él le indique qué hacer mientras usted hace el trabajo. Use hilo o tiras de tela para el pelo. Esto será divertido. Más tarde podría cocinar el "hombre papa."

Madre: Practique esta lección varias veces durante el año. Su niño aprenderá 30 significados de palabras o más. ¡Qué importante es esto!

Una Manzana Al Día . . .

Lo que necesita: Una manzana.

Por qué: Para enseñarle al niño palabras nuevas y desarrollar conocimientos nuevos.

Qué hacer: Háblele al niño sobre la manzana. *¿Qué forma tiene?* (Dígale que *es redonda*.) *¿De qué color* es la manzana? (Repita lo que dice el niño, pero con oraciones completas, "Sí, la manzana es roja.) *¿Es la manzana una fruta* o un *vegetal?* (Explíquele que es una fruta. Mencione otras frutas y algunos vegetales.

¿Es ésta una manzana *entera o parte* de una manzana? (Le está enseñando al niño conceptos numéricos que necesitará saber en la escuela.)

Explíquele al niño de dónde vienen las manzanas. Hable sobre *subirse* a una *escalera* y coger las manzanas de un *árbol grande* y *alto*. Hable sobre colocarlas en una canasta . . . sobre recoger muchas.

Hable sobre manzanas crudas y manzanas cocidas.

Tome un cuchillo. Parta la manzana en *dos mitades*. Hable de que *dos mitades* forman un *entero*. Luego parta las mitades en *cuartos*. Deje que el niño cuente los pedazos.

Muéstrele las *semillas*. Hable de que las semillas son *obscuras*. Cuente las semillas. Explíquele al niño que las semillas *se siembran en la tierra* y de ahí *nace un árbol*. El árbol brotará y crecerá, crecerá, crecerá y dará manzanas.

Pele uno de los cuartos de la manzana. Hable sobre lo que está haciendo. Hable sobre el interior y el exterior y la diferencia en color.

Deje que el niño se coma la manzana. Diga que es *dulce, jugosa, deliciosa, buena*.

Deje que el niño se imagine que tiene manzanas para vender.
¡Manzanas, manzanas!
Vengan a comprar manzanas
Rojas, jugosas manzanas
Manzanas para vender

Repita esto varias veces. Deje que el niño se imagine que coloca algunas manzanas en un saquito de papel para usted. Dígale que desea comprar una *docena . . .* o *media docena*.

Ayúdelo a contar mientras él las coloca en el saquito.

Usted simulará pagarle en efectivo. (A todos los niños de esta edad les gustan las "representaciones" y aprenden con ellas.)

Déle al niño un lápiz de color y permítale dibujar algunas manzanas. Asegúrese de elogiarlo.

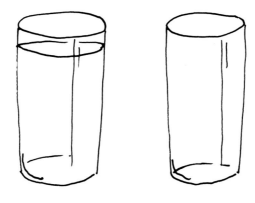

Vaso Lleno, Vaso Vacío

Lo que necesita: Algunos vasos.

Por qué: Enseñar a los niños a pensar, desarrollar conocimientos, semejanzas y diferencias. Enseñar los términos *lleno y vacío* y otras *relaciones numéricas.*

Qué hacer: Llene un vaso de agua. Tengo otro vacío. Hable de lo que esto significa.

Diga al niño que "vacíe un vaso." (Muéstrele lo que significa.)

Tenga dos vasos llenos de agua hasta la mitad. Enséñe al niño a llenar el vaso vacío con el contenido de los dos vasos medio llenos. Enséñele a verter el agua sin *derramarla.* Cuente los vasos junto con el niño. *Cómo desarrollar otros conocimientos.*

Pregunte: ¿Para qué usamos los vasos?
¿Qué cosas podemos tomar en vasos?
(Estimule al niño a pensar en leche, agua, jugo, refrescos, etc.)
¿De qué color es la leche? ¿el jugo de naranja? ¿la leche malteada?
¿Por qué debemos tener cuidado con los vasos?
(Explique que se pueden romper si se tiran.)

Coloque tres vasos de diferentes tamaños sobre la mesa. Diga:

Escoge el vaso que usaría mamá.
Escoge el vaso que usaría el bebé
Escoge el vaso que usarías tú.
(Ayude al niño a entender que los adultos necesitan vasos más grandes.)
Cómo enseñar semejanzas y diferencias.

Coloque sobre la mesa 2 vasos pequeños y 2 grandes (mezclados). Deje que el niño escoja: los dos grandes; los dos pequeños.

Coloque sobre la mesa 3 vasos iguales y uno diferente (en tamaño o color). Indique al niño que escoja el que es diferente. ¡Felicite al niño cuando contesta correctamente!

Cantando (Los niños aprenden cantando . . . además disfrutan.)
Cante esta tonada con el niño y enséñelo a dramatizarla y a cantarla con usted.
¡Toma! ¡Toma!
Toma leche.
(finja que toma)
Rica, rica
Rica leche
(saboréese)
Lleno, lleno
Estoy tan lleno
Estoy tan lleno
(Pásese la mano por el estómago)
Fuerte, fuerte
Seré muy fuerte
(Muestre el músculo del brazo)
Grande, grande
Seré muy grande
(Estírese)

¡Pop, Pop, Pop!

Lo que necesita: Una sartén, un poco de margarina y maíz para preparar palomitas de maíz.

Por qué: Para enseñar al niño cómo aprender palabras y desarrollar conocimientos mientras se divierte.

Qué hacer: Cuando vaya de compras, compre un paquete de maíz para preparar palomitas. Cuando tenga tiempo, háblele al niño sobre lo que van a hacer.

Recuerde . . . hable mientras lo prepara. Deje al niño ayudar en todo lo que sea posible. Por ejemplo, el niño puede abrir el *paquete* y pararse en una silla al lado suyo, mientras usted coloca el maíz en la *sartén* con *margarina*. Cubra la sartén con una tapa. Hable sobre lo que sucederá cuando el maíz se caliente.

Hable sobre los sonidos que oye a medida que el maíz revienta. ¿Cómo hace? Sí, pop, pop, pop, pop (o, crac, crac).

Hable sobre *levantar* la tapa para echar un vistazo. Explíquele lo que hace cuando lo mueve para *evitar que se queme*. Colóquelo en una escudilla y deje que el niño coma. Hable sobre el tamaño y color de la escudilla.

¡Qué divertido! ¡Qué gratos recuerdos cuando su niño crezca! Además, aprenderá veinte, o más, significados de palabras.

Lea lo siguiente. Estimule al niño a aplaudir mientras usted lo lee. Dígalo en ritmo para que él pueda aplaudir a tiempo.

"¡Saltan, saltan, saltan!
Saltan de alegría
Pop, Pop, Pop
Que gran algarabía
ya no puedo esperar
lo quiero saborear
chom, chom, chom
¡Qué sabroso está!

* * * * * * * * * * * * * *

"Suben y bajan, suben y bajan
las palomitas cuando se calientan
¡Revientan, revientan y ya quedan listas
Vamos a comerlas; ¡ay que saladitas!

Aprendiendo Y Cocinando

Lo que necesita: Cosas que usaría mientras cocina.

Por qué: Enseñar conocimientos de números, verbos y otros significados de palabras.

Qué hacer: (Madre, éste es un ejemplo de una lección que usted podría poner en práctica mientras cocina *cualquier cosa,* ya sea tocineta o galletitas, pasteles, bizcochos o verduras.

Usted podría dejar que el pequeño se parara en una silla y la observara mientras hace el trabajo de la cocina. ¿Qué divertido ver al niño hablar y preguntar mientras usted cocina . . . y cuánto aprenderá!

Usted podría hacer lo siguiente:

1. Creo que voy a preparar un pastel. ¿Qué clase de pastel podríamos preparar? si su niño no conoce el chocolate, el higo, etc., comience a hablar sobre las diferentes clases . . . los hace sentirse importantes. Sienten que se respetan sus sentimientos . . . lo cual les ayudará más tarde a decidir.)

"Vamos a ver lo que necesitamos." Durante este tiempo usted va buscando las cosas que necesita . . . identificándolas por su nombre y permitiendo que el niño las repita después.

(El niño aprende los siguientes nombres: harina, azúcar, cacao, taza, rodillo, escudilla, leche, vainilla, mantequilla, etc.)

2. Adquirirá *conocimientos aritméticos* si usted habla sobre:
medir la harina
una taza de azucar
dos cucharadas de mantequilla
tres huevos
hornear durante 30 *minutos*
(Muéstrele la diferencia en tamaño
entre una cucharada y una
cucharadita.)

3. El niño aprenderá el significado de
varios verbos si le habla acerca de:
romper los huevos, *colocarlos* en una
escudilla, *mezclar* los ingredientes,
amasar la masa, *estirar* la masa
para que quepa en el molde, colocar
el pastel en el horno para hornearlo,
vigilarlo, sacarlo del horno.

4. A los niños les gusta el ritmo . . .
les gustan las canciones inventadas . . .
les gustan las representaciones.
Mientras amasa la masa, diga:
"Vamos a amasar, amasar, amasar,
la masa, masa, masa (Deje que el niño lo
repita . . . *observe como sonrie).*
"Vamos a cortar, cortar, cortar, con el
cuchillo, cuchillo, cuchillo."
"Vamos a batir, batir, batir, vamos a
batir los huevos."

Ollas Y Cacerolas

Lo que necesita: Ollas y cacerolas de la cocina.

Por qué: Desarrollar conocimientos y entender significados de palabras.

Qué hacer: Madre, haga algunas de las siguientes cosas. Recuerde hablar "el lenguaje de los adultos" . . . es preferible no bajar el nivel cuando le habla al niño. Es así como aprende las palabras . . . oyéndoles una y otra vez haciendo cosas que den significado a las palabras.

1. Busque dos o tres ollas y/o cacerolas. Deje que el niño diga cuál es la más grande . . . cuál acomoda más cantidad, cuál es la *más pequeña*.

2. Saque dos cacerolas redondas y una cuadrada. Enséñele la *diferencia*. Seleccione una y pídale al niño que busque *otra igual*. (El niño necesitará entender estas palabras cuando esté en la escuela.)

3. Muéstrele la cacerola cuadrada. Muéstrele los lados y el fondo. Ayúdele a contar los lados. Diga, la cacerola cuadrada tiene cuatro lados. Cuenta conmigo.

4. Busque dos cazuelas con sus tapas. Una debe ser más grande que la otra. Mezcle las tapas y vea si el niño puede hallar la tapa adecuada para cada cazuela. (Esto enseña al niño a pensar. Su cerebro se desarrolla.)

5. Pregúntele al niño, "¿Para qué se usan las ollas y cacerolas?" (Estimúlelo a contestar . . . luego felicítelo. Hable de cocinar *verduras, tortas, macarrones, habichuelas, o cualquier otra forma* de usar los *utensilios* de cocina.

Repita esto con el niño:
"potaje caliente, potaje frio
Potaje de guisantes, tiene la cazuela mía
A unos les gusta caliente
a otros les gusta frío
el potaje de guisantes
que tiene la cazuela mía.
¿Ha jugado esto alguna vez? Quizás el niño mayor lo ha hecho.
FELICITE AL NIÑO

Madre, en esta lección el niño puede aprender el significado de 25 palabras o más . . . por favor, póngala en práctica.

Soy Una Pequeña Tetera

Lo que necesita: Una tetera que tenga en la cocina.

Por qué: Para enseñar significados y desarrollar conocimientos.

Qué hacer: Muéstrele la tetera al niño.

Pregunte:
"¿Para qué se *usa* esto?" (Si, para *hervir* agua.)
"¿El agua está fria o caliente?"
"¿Cómo la calentamos?"
(Explíquele sobre la *madera*, el *carbón,* con *gas* o *electricidad*.)
"¿Quema si la tocamos?"
(debemos ser cuidadosos)

Pregunte sobre el color de la tetera. (Si está hecha de metal, dígaselo al niño.)

Diga que la canilla (o pico) se usa para verter líquidos.

Hable sobre el mango y para qué se usa.

Dígale que esto es útil; que mamá lo usa en la cocina.

Mamá puede colocarla en la estufa.

La deben usar los niños y niñas grandes o los adultos.

Posiblemente los niños mayores sepan una canción sobre la tetera. "Soy una tetera, bajita y gordita". Si saben, póngalos a cantar y a actuar junto con el niño pequeño.

Dígale al niño que mire las teteras que aparecen en esta página.

Muéstrele el mango
Muéstrele la canilla (o pico)
Muéstrele la parte superior
Pregúntele cuales son iguales, y en qué se diferencia la otra.

Carretes Y Limpiapipas

Lo que necesita: Carretes vacíos y limpiapipas. (Estos son baratos y el niño disfrutará hacer muchas cosas con ellos.)

Por qué: Para enseñarle al niño nuevos conocimientos que le ayudarán cuando vaya a la escuela.

Qué hacer: ¡Hay tantas cosas que el niño puede hacer con carretes vacíos! *Guárdelos*. Colóquelos en una lata o una caja. Se sorprenderá de lo que el niño puede hacer con ellos.

1. Deje que el niño cuente los carretes. Muéstrele los carretes. Muéstrame cuatro carretes. (Siempre felicítelo cuando contesta bien.) Si hay unos carretes más grandes que otros, deje que el niño le muestre los grandes, los pequeños, o *en un grupo de tres encontrar el que es diferente.*

2. Deje que el niño haga una torre con los carretes. Una grande, una pequeña. Mire a ver cuán alto puede llegar sin que se caigan.

3. Si puede reunir diez, o más carretes, deje que el pequeño tome un cordón y los una. Usted podrá amarrárselos alrededor del cuello en forma de collar.

4. Haga una cortadora de hierba. Tome un carrete. Coloque un extremo del limpiapipas en el hueco. Páselo al otro extremo. Tuerza juntos ambos extremos y tiene una cortadora de grama. Con los limpiapipas también se pueden hacer animales.

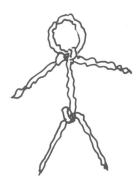

5. Uselos para jugar a las Muñecas. Los carretes pueden servir de sillas. Ponga cuatro juntos y cartón sobre ellos para formar una mesa. Deje que el niño corte alimentos para colocar en la mesa. (Use tijeras botas.)

6. Enséñele al niño a hacer una persona con los limpiapipas — redondos para la cabeza (tuerza). Haga los dos brazos enrollando otro limpiapipas. Ayúdelo a hacer toda una familia. Hable sobre quien será el más alto, etc. Estimule la conversación mientras el niño juega.

Teléfono De Juguete

Lo que necesita: Una botella plástica . . . botella vacía de blanqueador o detergente.

Por qué: Para estimular el niño a hablar, a aprender nuevos significados y algunos conocimientos nuevos.

Qué hacer: Haga una abertura en la botella. Haga que el niño se coloque la abertura original de la botella junto a la oreja.

Estimule el niño a hablar en la botella. Su voz regresará a la oreja y él podrá oir, en un tono alto, sus propias palabras. Esto le resultará divertido.

Simular—Puesto que a todos los niños les gusta "simular", tome las botellas plásticas y simule que son teléfonos.

Hable sobre *marcar, contestar* el teléfono, "¿*Quién habla?*" "¿*Con quién desea hablar?*" Desarrolle una conversación. "Habla suavemente." "Habla más alto, *abuelita no puede oir bien.*"

(Recuerde que está usando lenguaje "de adultos". El niño aprenderá muchos significados de palabras mientras usted habla. Use diversas maneras de decir las cosas. Use palabras "IMPORTANTES" . . . se sorprenderá de lo rápido que el niño aprende si usted las repite una y otra vez.

SE ESTA PREPARANDO PARA IR A LA ESCUELA. ESTO LO AYUDARA A OBTENER UNA VENTAJA INICIAL.

Pídale al niño que telefonee a alguien que usted nombre y que le dé un *mensaje importante.* Dígale al niño lo que debe decir. Observe si puede recordar el mensaje. (Esto ayuda a desarrollar la memoria.)

Anime al niño a llamar a un amigo (simulando).

Lea este poema:
Tin, tin
din, din
Oigo el teléfono
hacer rin
"Hola, hola
¿cómo estás?"
"Bien, bien
Gracias, gracias"
"¡Sí, sí!
Iré a jugar"
"¿Puedo ir, mamá?
¿Puedo ir hoy"?
"¡Sí, sí!
Dijo que sí"
"Estaré ahí
Ya voy
. . . adiós."
Lea el poema varias veces.
Observe si el niño le puede decir lo que sucede.

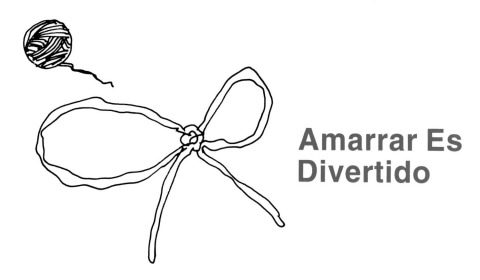

Amarrar Es Divertido

Lo que necesita: Un pedazo de cordón o hilo como de un metro de largo o más.

Por qué: Para desarrollar en el niño algunas destrezas de pensamiento. Para enseñarle a escuchar y seguir instrucciones.

Qué hacer: Dígale al niño que esto es un *cordón* . . . un *hilo*. ¿Qué hacemos con un cordón? (Estimule al niño a pensar: amarrar paquetes, amarrar un globo, amarrarse las trenzas, importunar el gato.)

Diga: "Puedo hacer *algo más*. Puedo amarrarte las dos manos". (Amárrele las manos . . . el niño sonreirá. "¿No puedes moverlas? ¿Por qué no? ¿Debo soltarlas? Te haré un *lazo* para que no puedas soltarte. ¿No es divertido?"

(Use montones de palabras . . . el niño aprenderá oyendo la conversación.)

Haga figuras con el cordón. Haga un *círculo*. Pregúntele qué figura es ésta. Si no sabe la palabra "círculo", dígale que el círculo es *redondo*.

Ahora, deje que él tome el cordón y trate de hacer un círculo. (Ayúdelo si es necesario.) ¡Felicítelo!

Haga un *cuadrado* con el cordón. Pregúntele qué figura es ésta. Si él no sabe, dígale que un cuadrado es como una caja. Tiene *cuatro lados* . . . uno, dos, tres, cuatro. Deje que el niño cuente con usted.

Ahora tome el cordón y deje que el niño trate de hacer un cuadrado. Esto es difícil . . . pero si usted corta el *cordón* en cuatro *pedazos* el niño podrá hacerlo.

Haga un *triángulo* con el cordón o con tres pedazos de cordón. Pregúntele al niño qué figura es ésta. Cuente los lados. Deje que el niño haga un triángulo y cuente los lados con usted.

Juegue. Haga un círculo con el cordón. Diga al niño que le va a dar algunas instrucciones. (Su niño necesitará saber esto cuando vaya a la escuela.)

Párate junto al círculo
Párate dentro del círculo.
Sal del círculo.
Camina alrededor del círculo.
Estas son palabras que el niño necesitará saber en la escuela.
No lo olvide . . . ¡FELICITELO!

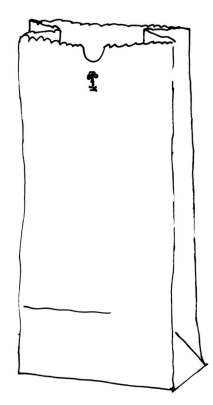

¿Qué Hay En La Bolsa?

Lo que necesita: Una bolsa de papel y varias cosas que puede conseguir en la casa; una taza, un calcetín, un lápiz, un carrete de hilo, etc.

Por qué: Para desarrollar la habilidad del niño para tocar y pensar sobre lo que toca e identificar.

Qué hacer: Juegue a *¿Qué tengo aquí?* Haga que el niño cierre los ojos mientras usted pone un objeto en la bolsa de papel. Luego, déjelo tocar la bolsa (sin mirar) y vea si puede decir al tacto qué objeto es éste. RECUERDE . . . FELICITELO CUANDO ADIVINA.

Haga el juego divertido. Ayude al niño a pensar que el aprendizaje puede ser divertido.

Tengo un secreto en la bolsa.

Después de jugar el juego usando varios objetos, cambie el juego y diga: *Tengo un secreto en la bolsa.* Mientras el niño cierra los ojos, coloque algo dentro. Describa lo que hay en la bolsa, y deje que el niño trate de

adivinar basándose en la descripción. (Esto enseña al niño los significados de las palabras . . . así como a escuchar y pensar.)

Por ejemplo:
Tengo un secreto en la bolsa.
Es algo que usamos en la mesa.
Lo usamos para comer sopa.
Lo usamos para comer cereal.
Lo lavamos después de cada comida.
 ¿Cuál es mi secreto?
 o
Tengo un secreto en la bolsa.
Es algo para usar.
Las niñas lo usan en el pelo.
Los niños no lo usan.
 ¿Cuál es mi secreto?
(ELOGIELO . . . CUANDO CONTESTA BIEN)

Madre, hay muchas posibilidades aquí. Le está enseñando al niño muchos significados de palabras. ¡Y él se está divirtiendo!

Haga las lecciones breves . . . el niño no puede prestar atención durante largo rato.

Clasificación

Lo que necesita: Un cartón de huevos vacío; un envase (una lata de café o una cajita para poner dentro diversos objetos); y un surtido de artículos tales como botones, tornillos, habichuelas secas, guisantes, maíz, monedas, pedacitos de macarrón o cualquier otro objeto pequeño que pueda encountrar en la casa.

Por qué: Para enseñar al niño a clasificar los objetos similares, a que los vea y los seleccione. Esta es una destreza que lo ayudará a aprender a leer más facilmente.

Anime al niño a buscar todo lo que sea similar y colocarlo junto en uno de los lugares.

Si encuentra que las cosa pequeñas son demasiado chicas para que el niño las pueda clasificar, consiga cosas más grandes como carretes de hilo, lápices de colores, bloques, y deje que el niño las coloque en grupitos. Llame este juego *A Divertirnos Clasificando*.

Si el niño no puede encontrar las cosas que son similares, enséñele y deje que vuelva a tratar.

¿POR QUÉ ES IMPORTANTE HACERLO?

Su niño necesita entrenamiento para ver las cosas, clasificarlas, seleccionarlas y esforzarse con ellas.

Tiene que desarrollar esta destreza antes de poder ver las letras de una palabra. (Esto es apresto para la lectura.)

HAGA SIEMPRE QUE LA LECCIÓN RESULTE DIVERTIDA PARA SU PEQUEÑO. Y NUNCA LO DEJE SOLO CON LOS MATERIALES.

Hágalas breves . . . no deje que el niño se canse o se aburra.

Siempre hable . . . hable . . . mientras juega. El niño aprenderá el significado de las palabras. El necesitará saber *muchos significados*.

Debe animar a un hijo o hija mayor a llevar a cabo la lección con el niño. Déjele saber al niño mayor que aprecia su ayuda . . . esto ayudará a los sentimientos de él también.

¡ABUELAS! Son maravillosas con el niño, parecen tener tanta paciencia.

Cosas Que Hay Por La Casa

Lo que necesita: Artículos de uso en el hogar tales como: una taza y un platillo; un tenedor y una cuchara; un cepillo y un peine; recipientes de cartón y de cristal para la leche; lápiz y papel . . . y cualquier otra cosa que considere útil.

Por qué: Para enseñarle al niño a pensar; a pensar sobre las cosas que pertenecen al grupo o que forman parejas. (Esto ayuda a desarrollar su inteligencia.)

Qué hacer: Tras haber buscado varios artículos que formen *parejas*, colóquelos frente a su niño en una mesa o en el suelo.

Deje que el niño las llame por su nombre . . . por ejemplo, centavo, zapato, calcetín (media).

Pregunte:

¿*Cuáles dos forman pareja?*

¡Si, el zapato y el calcetín forman pareja porque los usamos en el pie! (Si el niño no puede hacerlo, explíquele y déjelo volver a tratar.)

Luego tome tres artículos más, tales como un zapato, una taza, un platillo. Observe a ver si el niño puede llamarlas por su nombre y puede decirle que la taza y el platillo forman una pareja.

Cambie los artículos por el cepillo y el peine y el papel y siga repitiendo hasta que el niño entienda las *relaciones* entre artículos.

(Cuando comience en la escuela, en el primer libro de preparación le pedirán que haga esto. Usarán ilustraciones. Estará preparado para esta actividad, si usted lo ha ayudado en el hogar usando objetos.)

Sugerencias de cosas que se asocian: Taza-platillo, guante-mitón, zapato-calcetin, lápiz-papel, cuchillo-tenedor, libro grande-libro chico. (Usted podrá pensar en otros.)

Después que su niño haya aprendido a asociar las cosas. Usted podrá jugar con los objetos, como:

1. Estoy pensando en algo que uso para *escribir. ¿Qué es?* (felicitelo si le contesta bien.)

2. *¿Qué falta?* Póngale cuatro objetos sobre la mesa. Deje que el niño cierre los ojos mientras usted retira un objeto. El abre los ojos y adivina cual fue el objeto.

3. Juegue *Esconder el Objeto.* Deje que su niño cierre los ojos mientras usted esconde algo en el cuarto. Entonces deje que abra los ojos y encuentre el objeto mientras usted le describe el lugar. Por ejemplo: "Está bajo algo muy alto . . . está en una esquina muy lejos de ti." (¡Mientras usted habla, su niño aprenderá el significado de palabras! No olvide, necesita tantas . . . ¡MILES!)

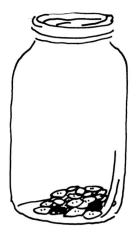

Diversión Con Los Botones

Lo que necesita: Botones que pueda conseguir de la ropa vieja que no va a usar. (Guárdelos en un frasco. Son muy útiles para enseñarles muchas cosas a los niños.)

Por qué: Para enseñar parecidos y diferencias, clasificar de acuerdo a tamaño y color, y para la retentiva visual.

Qué hacer:

1. Coloque tres botones frente al niño, *dos similares y uno diferente*. Pídale que le muestre cuáles son los dos iguales. (Si no puede hacerlo, enséñele.) Pídale que le muestre cuáles son *los dos iguales*. (Si no puede hacerlo, enséñele.) Pídale que le muestre el botón que es *diferente* . . . que no es igual a los otros.

2. Dele varios botones de diferentes tamaños. Vea si puede encontrar el *más grande*, el *más pequeño*.

3. Déle varios botones. Seleccione uno y pídale al niño que busque uno igual al suyo.

4. Si tiene botones de diferentes colores, deje que el niño saque todos los botones blancos y los coloque juntos, los rojos, los negros. Esto es clasificar.

5. Vea si él niño puede reproducir el *diseño* que usted hace con botones. (Esto ayuda a desarrollar destreza visual.) Por ejemplo, usted prepara una hilera de botones pequeños y coloca uno grande al final o en el medio. Pidale al niño que haga uno igual al suyo. (Debe poder hacer esto

antes de estar listo para ver todas las letras de una palabra.)

6. Si usted tiene botones de diferentes tamaños, deje que el niño coloque juntos todos los grandes y luego todos los pequeños. (Esto también es clasificar . . . pero de acuerdo al tamaño.)

7. Deje que el niño ponga los botones en el frasco mientras usted los cuenta (al principio sólo hasta el cinco).

8. Estimule al niño a practicar a abotonarse y desabotonarse la ropa.

RECUERDE . . . FELICITE AL NIÑO POR TRATAR

La Hora

Lo que necesita: Un despertador o un reloj pulsera.

Por qué: Para enseñarle conocimientos sobre horas y números.

Qué hacer: Dígale al niño que el *reloj* se usa para saber . . . la *hora de levantamos*, la *hora de ir a dormir*, la hora de comer. Muéstrele las manecillas del reloj . . . la *manecilla larga* y la *manecilla corta*.

Háblele sobre sus propias manos y en qué *difieren* de las del reloj. Pregúntele: "¿Qué haces con tus manos?" (Estimúlelo a hablar . . . a pensar.) Pregúntele cuál es *más grande*, ¿el reloj despertador o el reloj pulsera? ¿Cuál es *más pequeño*?

Muéstrele los números del reloj. Dígale que cuando vaya a la escuela aprenderá sobre ellos. Cuente hasta doce con él . . . deje que repita después de usted. Muéstrele el 12 en la parte de arriba y el 6 en la de abajo.

ELOGIELO CUANDO CONTESTA CORRECTAMENTE

Lea el siguiente poema . . . hágalo sentir que usted lo disfruta y él se entusiasmará también.

"¡Tic, tac, toc
El ratón subió al reloj
El reloj dio la una
El ratón bajó
¡Tic, tac, toc
Tic, tac, toc!"

Pregúntele al niño cómo hace el reloj . . . "Tic, tac, tic, tac."

Vea si el niño puede decir por qué bajó el ratón.

Madre, por favor, repita esta lección una y otra vez hasta que el niño comprenda las palabras y significados que usted le enseña.

En esta lección aprenderá veinte significados o más.

Muñecos De Papel

Lo que necesita: Periódicos y tijeras.

Por qué: Para crear conciencia de las partes del cuerpo y desarrollar conceptos numéricos.

Qué hacer: Dígale al niño que va a cortar algo mientras él observa.

Tome el periódico y dóblelo de modo tal que pueda cortar varios muñecos a la vez. (Recuerde recortar un brazo en el lugar donde queda el doblez para que los muñecos queden tomados de la mano.)

Hable sobre cómo *doblar* el periódico. "Ahora lo *cortaré* así, doblaré en la esquina y haré *algo redondo. Adivina* lo que estoy haciendo." (Anime al niño a adivinar . . . él está aprendiendo el significado de la palabra "adivinar" la cual necesitará saber en la escuela. Siga hablando mientras corta.)

Luego, abra los muñecos y "ría" con el niño por la sorpresa. Es posible que el niño diga, "Hazlo de nuevo". En esa ocasión haga muñecos más grandes o más pequeños. Doble el papel de forma tal que en cada ocasión haga más muñecos y en otras menos.

Cuente los muñecos con el niño (vaya de izquierda a derecha). Hable sobre los muñecos tomados de la mano.

Pregunte: "*¿Se parecen* o son *diferentes*? Ayúdelo a darse cuenta de que son todos iguales.

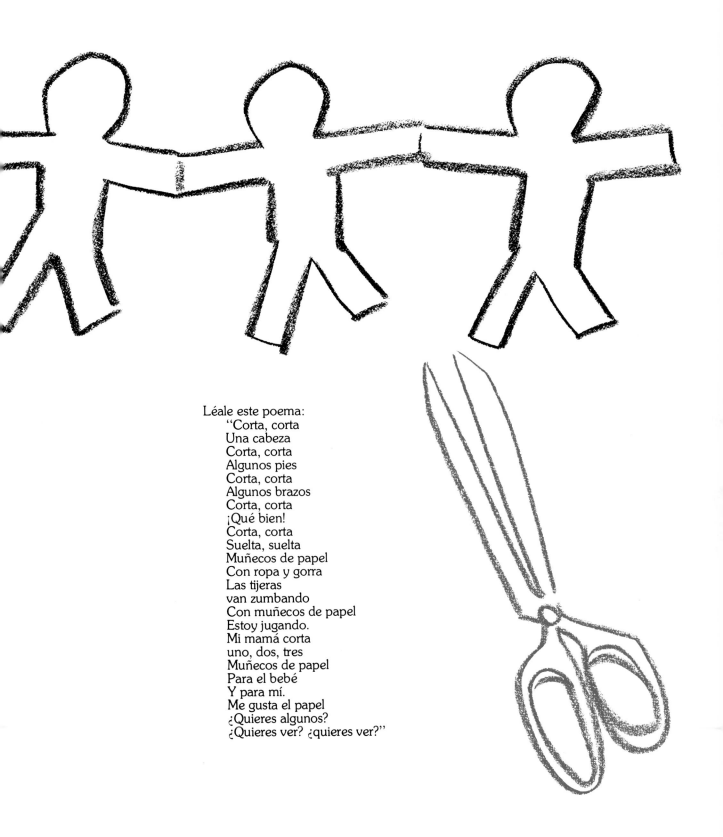

Léale este poema:
"Corta, corta
Una cabeza
Corta, corta
Algunos pies
Corta, corta
Algunos brazos
Corta, corta
¡Qué bien!
Corta, corta
Suelta, suelta
Muñecos de papel
Con ropa y gorra
Las tijeras
van zumbando
Con muñecos de papel
Estoy jugando.
Mi mamá corta
uno, dos, tres
Muñecos de papel
Para el bebé
Y para mí.
Me gusta el papel
¿Quieres algunos?
¿Quieres ver? ¿quieres ver?"

Los Pies Sírven Para Enseñar

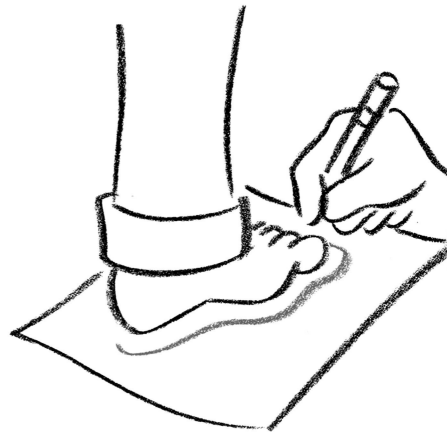

Lo que necesita: Los pies del niño, un lápiz de color y una hoja de papel.

Por qué: Para enseñarle al niño nuevos conocimientos y significados de palabras.

Qué hacer: Haga que el niño se quite los zapatos y se pare sobre un pedazo de papel mientras usted le *dibuja el pie*. (Mientras usted lo hace, hable todo el tiempo . . . explíquele lo que hace. En esta forma aprende el significado de las palabras.) Diga algo así como, *"Párate firmemente sobre el papel . . . bien quieto mientras dibujo alrededor de tus pies.* Aquí voy por los lados del pie, alrededor del talón, ahora por el dedo pequeño, ahora entre los otros dedos. ¿Te hace cosquillas?

"¡Cielos! Mira tu pie." (Manifieste entusiasmo y excitación como si esto fuera algo grande.)

La conversación sobre *un pie y dos pies*.

1. ¿Qué hacemos con los pies? Sí, son muy *útiles* para nosotros . . . nos ayudan a caminar. ¿Podríamos caminar sin ellos? ¿Cómo caminan las personas que no tienen pies? ¿Qué más podemos hacer?, *(brincar, correr, saltar en un pie).*

2. ¿Qué usamos en los pies? ¿Por qué usamos zapatos? (Estimule al niño a PENSAR. Esto desarrolla su inteligencia.)

3. ¿Cuántos dedos tenemos en el pie? (Madre, cuente con el niño . . . deje que él repita después de usted.) Sí, cinco *dedos*. ¿Cuál es el *dedo pequeño*? ¿El *dedo grande*? (Estimule al niño a repetir la oración completa después de usted. CUANDO LO HAGA, FELICITELO.)

4. Deje que el niño ejecute las siguientes acciones mientras usted las dice con él: Los *pies caminan*, los *pies brincan*; los *pies corren*; *saltamos en un pie*. ELOGIELO POR APRENDER.

5. Siente el niño sobre su falda. Dígale esta rima mientras le tira de los dedos.

"Este cerdito fue al mercado
Este cerdito se quedó en casa
este cerdito tomó nada
Este cerdito dijo ta, ta, ta
Durante todo el camino."

(es posible que diga, "Hazlo de nuevo"; si no, repítalo de todos modos. Dígale que esto es simular . . . fingir. ¡Cielos, cuánto se divertirá el pequeñín!

Las Manos Ayudan

Lo que necesita: Un pedazo de papel y un lápiz de color.

Por qué: Para desarrollar comprensión y estimación de sí mismo.

Qué hacer: Háblele al niño sobre las muchas cosas que puede hacer con las manos.

Déjelo pensar sobre eso lo más que pueda. Usted le ayuda sugiriendo algunas.

Dibuje la mano del niño en un pedazo de papel. Mientras lo hace hable todo el tiempo, "aquí vamos, alrededor del *dedo meñique,* alrededor del *dedo anular,* alrededor del *dedo del corazón,* alrededor del *índice,* y alrededor del *pulgar* hasta llegar a la muñeca."

Cuando haya terminado cuente los dedos con el niño. Luego, dibuje la mano suya mientras habla.

Dígale al niño que observe *ambas* manos. ¿Cuál es tu *mano?* ¿Cuál es mi mano? ¿En qué *se parecen?* ¿En qué son *diferentes?* ¿Cuál es la *más pequeña?* Dibuje *uñas* y *nudillos* en las manos. Muéstrele lo que está haciendo. (Cuando termine, déjele colorear las manos.)

Pregúntele:
¿Podrías escribir sin las manos?
¿Podrías dibujar sin las manos?
¿Podrías vestirte sin las manos?
¿Podrías comer sin las manos?

¡Cielos! ¡Qué mucho nos ayudan las manos!

(Ayude al niño a pensar)

Hable sobre lavarse las manos antes de comer, sobre mantenerlas limpias, sobre usarlas para cosas buenas, para ayudar a otros . . . no para pelear y golpear.

Fin: "¡Qué manos buenas tienes! ¡Me gustan!" (Crea buenos sentimientos.)

Jugando Con La Sombra

Lo que necesita: Nada.

Por qué: Para ayudar al niño a adquirir nuevos conocimientos, para saber el significado de muchas palabras (de 20,000 a 48,000 antes de comenzar en la escuela).

Qué hacer: Lleve al niño afuera en un día soleado y muéstrele su sombra.

Muéstrele cómo se mueve la sombra cuando él se mueve.

Algunas veces la sombra es *larga*, algunas veces es *corta*. Muéstrele su sombra a *diferentes horas* del día para que él pueda notar cómo varía.

Si el día no es soleado, el niño puede ver su sombra con la luz del cuarto durante la noche.

Muéstrele la sombra de usted también y señálele que su sombra es *más grande* que la de él.

Déjelo que se divierta afuera. "Observe a ver si puede "atrapar" su sombra.

Enséñelo a hacer "animales de sombra" colocando ambas manos juntas, los dedos hacia arriba para formar las orejas; mueva los dedos y hará que se muevan los orejas. Hágalo entre la luz y la pared. Esto puede resultar muy divertido para el niño . . . y es posible que a los niños mayores les agrade jugar esto con el pequeño.

Léale este poema:
"Tengo una sombra amistosa
que me pertenece
Si miras donde estoy
mi sombra allí estará
Corre, salta y baila
y va de aquí para allá
Me acompaña cuando quiero alcanzar el cielo
O me doblo a tocar el suelo."

Aprendiendo Sobre El Cuerpo

Lo que necesita: Un lápiz negro y un pedazo de papel.

Lo que necesita: Para que el niño aprenda a auto-estimarse y tome conciencia de las partes del cuerpo y su uso.

Qué hacer:

1. El programa *Plaza Sésamo* sugiere esta tonada para ayudar al niño a aprender las partes del cuerpo. ¡Qué divertido para el niño! (Deje que el niño señale mientras usted canta.)

"Hombros, hombros
Tengo hombros,
¡(el nombre del niño) también tiene
    hombros!
Codos, codos
tengo codos,
(el nombre del niño) también tiene
    codos!
Nariz, nariz
Tengo nariz
¡(el nombre del niño) también tiene
    nariz!
Orejas, orejas
Tengo orejas
¡(el nombre del niño) también tiene
    orejas!"

Haga lo mismo con las partes del cuerpo, especialmente con las que el niño no conoce: rodillas, tobillos, caderas, pecho, pulgares, dedos, cuello, estómago.

2. Juegue a "Estoy pensando"

Estoy pensando en algo que usas para caminar. ¿Qué es?

Estoy pensando en algo que usas para oler. ¿Qué es?

Estoy pensando en algo que usas para aplaudir. ¿Qué es?

Estoy pensando en algo que usas para ver. ¿Qué es?

3. Tacto

Toque las partes del cuerpo del niño. Deje que él le diga qué está tocando. FELICITELO CUANDO CONTESTA CORRECTAMENTE.

4. Dé al niño un lápiz grande y de color negro y pídale que se dibuje. Si dibuja los brazos saliendo de la cabeza, lo cual es natural a su edad, estimúlelo, *pero no lo haga por él*. Esto puede hacerlo sentir incapaz. Usted le puede dar instrucciones sencillas como: "¿Dibujaste el pelo? ¿Dónde están las piernas?"

Recuerde: Usted está estimulando al niño a pensar . . . no enseñándolo a dibujar.

Diversión Con El Lavado

Lo que necesita: Ropa que lava y tiende en el cordel.

Por qué: Para enseñarle al niño los nombres de la ropa y otros conocimientos sobre tamaños y colores.

Qué hacer:

Hable mientras trabaja. Diga algo así como: "Aquí está la blusa violeta de mamá. La tenderé primero. ¿Me puedes dar los ganchitos de pillar la ropa a medida que los necesite? Necesito dos ganchitos."

A medida que saca cada pieza, dígale al niño el *nombre* de la prenda de vestir, el *color y quién la usa.* (¡Se aprende mucho con esto!)

1. Hable sobre las *piezas grandes* como las sábanas, sobre la *piezas pequeñas.* Hable sobre las formas, tales como las *piezas cuadradas* (pañales), los tapetes redondos.

2. Cuando haya terminado de tender la ropa, mire a ver si el niño puede identificar su ropa. Hable de haber terminado la tarea. *Use "lenguaje adulto".* No *baje el nivel* al hablar con el niño. El niño aprende el significado de muchas palabras cuando usted le habla como le hablaría a un amigo, aunque *es posible que necesite repetírselas en varias formas diferentes* tales como: "Ya hemos acabado de trabajar. Hemos terminado la tarea. Ya se acabó."

3. Si tiene tiempo, cuente las camisas, los vestidos, las faldas, o las sábanas. *Cuente con el niño.*

4. Al recoger la ropa y doblarla, deje que el niño doble las cosas pequeñas, tales como las toallitas de baño. Hable sobre *doblar, separar* la ropa de color para *planchar, rociar, guardar.* AGRADEZCALE SU AYUDA.

(El niño se sentirá feliz, seguro y parte del grupo familiar si piensa que está ayudándole.)

5. Déle varios calcetines lavados y pídale que busque las parejas. Diga "Busca otro calcetín igual a éste y colócalos juntos."

(Esto es el primer paso para el apresto en la lectura . . . hallar las semejanzas, las diferencias.) El niño puede clasificar por colores, por tamaño, por el diseño.

Planchando Y Aprendiendo

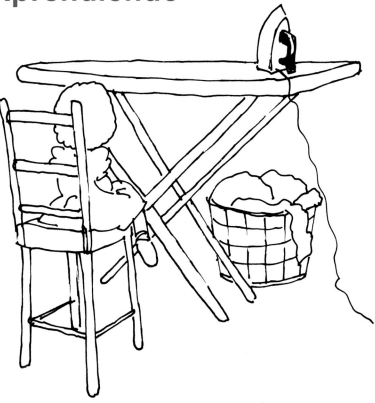

Lo que necesita: Una plancha y ropa para planchar.

Por qué: Para enseñarle al niño nuevos significados de palabras y nuevos conocimientos mientras usted trabaja.

Qué hacer: Algunas veces, mientras planche, háblele al niño.

Diga algo parecido a lo siguiente:
"Estoy trabajando. Estoy planchando. La plancha está caliente. Sale vapor. ¡Oye el *vapor* hacer ssizz!"

"Paso y vuelvo a pasar, hago mucha presión. Elimino las arrugas."

"Estoy planchando un *vestido*. ¿De qué color es el vestido? Si, es azul. Es un vestido azul." Hable en oraciones completas. Es así como el niño aprende las palabras . . . oyéndolas.)

"Ahora, coloco el vestido en un gancho". . . o "ahora doblo la camisa asi . . . uno, dos, tres, cuatro, cinco, seis botoncitos."

"Y después que la doble, la coloco sobre la cama. Cuando haya terminado la colocaré en la gaveta para que tú la uses."

(Su niño aprende palabras nuevas oyendo y observando. Por favor, déle esa oportunidad.)

Simule:

Deje que el niño simule que está planchando a la misma vez que usted. Déle una tira o una pieza pequeña de ropa. Déle una taza plástica o alguna otra cosa para que simule que tiene

una plancha. El, o ella, se divertirá doblando y planchando las piezas pequeñas . . . toallitas de baño, pañuelos.

Pregunte: ¿Qué es lo que está caliente? ¿Qué está frío?

Léale este poema una y otra vez:
"Plancha, plancha
Plancha la ropa.
Camisas limpias,
Calcetines limpios,
Pantalones limpios,
para vestirme.
Mi mamá trabaja
trabaja todo el tiempo
Ella lava, plancha
Y yo corro y juego.
Me gusta planchar
La ropa de la muñeca
Por favor, mamá,
¿Puedo planchar ésta?"

Los Zapatos Sírven Para Enseñar

Lo que necesita: Dos pares de zapatos, un par más grande que el otro.

Por qué: Para enseñar significados de palabras, parecidos y diferencias, tamaño y color.

Qué hacer: Coloque los zapatos en el suelo. Hable sobre *un par de zapatos; dos pares de zapatos.*

1. Pidale al niño que le muestre el par de zapatos *más grande;* el par *más pequeño.* Felicítelo, siempre que lo haga. Si no sabe, enséñele. Luego vuelva a preguntar.

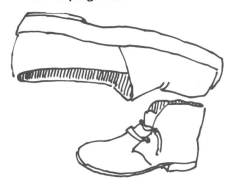

2. Mezcle los zapatos. Tome un zapato y pídale al niño que busque *la otra pareja . . .* es decir el que *es igual* al que usted tiene. (Ayúdelo a entender lo que significa "diferente" *. . .*: para lograrlo es necesario repetir con otros objetos.)

3. Pídale que le muestre el par de zapatos más pequeño.

4. Para ayudarle a aprender a pensar, pídale que busque el par de zapatos que le serviría a mamá, a la hermana, a papá o al bebé. Vea si puede *relacionar al tamaño de los zapatos con el tamaño de las personas.* ¡SIEMPRE FELICITELO!

6. Háblele sobre diferentes tipos de zapatos: botas, sandalias, chinelas, chanclas, zapatos de tenis. Y háblele sobre los colores de los zapatos que usted tiene.

7. Estimúlelo a decirle *por qué usamos zapatos.* Disfrute de este poema. Léalo varias veces.

"Tengo anillos en los dedos
y zapatos en los pies.
Y en la época de nieve
Puestos los he de tener
Sean grandes o pequeños
de trabajo, de salir
Nada puede preocuparme,
Sí cómodo me hacen sentir."

8. Empiece por enseñar al niño a amarrarse los cordones. Esto requiere mucha práctica, pero será importante que lo sepa cuando esté en la escuela. El se sentirá satisfecho de sí mismo.

Cazando Luciérnagas

Lo que necesita: Un pequeño frasco con agujeros en la tapa.

Por qué: Usar las cosas de la naturaleza para ayudar al niño a adquirir significados de palabras.

Qué hacer: En el verano posiblemente haya muchas luciérnagas en el patio.

Antes de que esté muy oscuro, estimule al niño a cazar algunas luciérnagas y colocarlas en un frasco.

Dígale lo siguiente sobre las luciérnagas:

1. Otro nombre para las luciérnagas es "cocuyo".

2. Algo en su cuerpo lo ayuda a tener luz . . . dos agentes químicos que se mezclan con oxígeno (aire). Ella lo aspira y ayuda a quemar para producir la luz.

3. Los científicos no saben a ciencia cierta por qué la luciérnaga produce la luz. Creen que es así como consiguen compañero.

Deje que el niño cuente el número de luciérnagas que ha cazado.

Estimúlelo siempre a que vuelva a dejarlos libres cuando termine para que otras personas puedan disfrutar viéndolas encender y apagar su lucecita durante la noche.

Mientras el niño las deja en libertad, al mismo tiempo, estimúlelo a que le diga cuántas salieron.

Lea este poema y hable sobre él con el niño. Si a usted le gusta la poesía, el niño percibirá su entusiasmo y disfrutará también. Estimúlelo a escuchar el ritmo y las palabras que riman.

Luciérnagas
"Luciérnaga, luciérnaga
Enciende tu luz
Vas volando alto
Como vuelas tú.
Linda lucecita
Que siempre observamos
Mamá, papá y yo
Y todos mis hermanos."

Las Hojas Sírven Para Enseñar

Lo que necesita: Varias hojas del patio. Si no tiene árboles use las ilustraciones de este libro.

Por qué: Para enseñar semejanzas y diferencias, formas y colores, y tamaños. Hay muchos conceptos que le puede enseñar al niño con esta sencilla lección sobre hojas.

Qué hacer: Si es posible, *recoja las hojas* con el niño. Mire a ver cuántos tipos y formas diferentes puede encontrar. Vea cuántas palabras puede decir mientras hacen esto juntos. (Esta es la forma en que el niño aprende . . . con experiencias directas.)

Algunas de las cosas que puede hacer con el niño.

1. Háblele sobre las hojas. Dígale que crecen en los árboles y cuando viene el *otoño* se caen, y en la próxima *primavera* saldrán hojitas nuevas y cada nuevo *brote* se convertirá en una *hoja grande*. (El niño distrutará que se lo diga.) Hable sobre cómo luce la rama sin hojas . . . y en invierno muéstrele las protuberancias de las ramas donde están las hojitas nuevas.

2. Hable sobre los bellos colores de las hojas de otoño: marrón, anaranjadas, amarillas, verdes. Vea si puede formar parejas de colores.

"Búscame otra hoja verde como ésta."

"Búscame otra hoja amarilla como ésta."

"FELICITELO CUANDO LO HAGA BIEN."

3. Tome tres hojas; dos *iguales* y una *diferente*. Pídale al niño que le muestre las que son iguales (en forma). Busca la que es *diferente*. (Recuerde que el niño no conocerá el significado de estas palabras hasta que usted las haya usado una y otra vez.)

4. Hágale preguntas que lo hagan PENSAR (está ayudándolo a desarrollar su inteligencia.)

"¿Cuál hoja es la *más grande?*" (Muéstrele tres hojas.)

"Cuál hoja es la *más pequeña?*"

5. Dibuje algunas hojas. Deje que el niño pinte una de marrón, una de verde y una de amarillo. NO LO OBLIGUE A MANTENERSE DENTRO DE LAS LINEAS. Sus músculos no se han desarrollado todavía.

El Vecindario Es Una Escuela

Lo que necesita: Nada.

Por qué: Enseñar nuevas palabras y conocimientos

Enseñar al niño a observar las cosas, para que pueda hablar sobre lo que ve, y para que aprenda nuevos significados de palabras.

Qué hacer: Lleve al niño a dar un paseo por la calle y el vecindario.

Mientras caminan, deje que el niño le explique lo que ve.

    árboles grandes—árboles pequeños

    arbustos grandes—arbustos
        pequeños

    casas grande—casas pequeñas

    cortinas en las ventanas

    yerba verde

    un hormiguero

    flores que brotan del suelo

    semáforo

    encintado al final de la cuadra

    una bomba de incendios

    automóviles que pasan—camiones,
        qué clase de camiones

    gente—grande y pequeña

Hable sobre los colores de las cosas que el niño ve. Vea cuántos colores diferentes puede distinguir en los automóviles.

Hable sobre los *tamaños* de las cosas.

Cuando regrese a casa (transcurridos unos minutos . . . pero de mucha conversación), déle al niño un lápiz grande, de color, y papel (el periódico sirve) y pidale que dibuje algo que haya visto durante el paseo. Si el niño dice, "No puedo," diga: "¡Claro que puedes! Ven, voy a buscar tus lápices de colores y te ayudaré a comenzar." (El necesita confianza.)

Una vez terminado el dibujo, un padre astuto no preguntaría, "¿Qué dibujaste?" (¡El niño cree que todo el mundo debe saberlo!) Diga: "Háblam sobre el dibujo."

¡Felicítelo!

Coloque el dibujo en algún lugar de la casa para que la familia pueda verlo

Observando Las Ardillas

Lo que necesita: Use la ilustración de una ardilla que aparece en esta página o, mejor aún, si vive en un área donde hay árboles y ardillas, observe una con el niño.

Por qué: Para enseñarle significados de palabras . . . y ayudarlo a disfrutar la poesía y las palabras que riman.

Qué hacer: Háblele sobre las ardillas. Explíquele cómo consiguen su alimento y *esconden las nueces y las bellotas* bajo la tierra y en un *hueco* para alimentarse durante el invierno. (Al niño le encantará saberlo.)

Hable sobre su rabo grande y peludo, y de cómo puede *trepar corriendo* al árbol. Hable sobre sus orejas, sus patas y sus ojos. Háblele de que las ardillas *construyen* nidos en lo alto de los árboles. Si puede conseguir uno en su vecindario, enséñeselo al niño. (Enseñe al niño a observar las cosas de la naturaleza en su patio . . . este aprendizaje lo ayudará en la escuela.

Hable sobre el color de la ardilla, el color de las nueces. Deje que el niño señale las partes del cuerpo mientras usted las nombra. Pregúntele al niño si *él considera que la ardilla es inteligente.* ¿Por qué?

"Ardilín, la ardillita
Se trepa al árbol
Se sienta en la rama y echa una
    ojeadita
Baja del árbol y
Escapa correindo, ¡Oh!, está
    escondita."

Un Mundo En El Jardín

Lo que necesita: Nada.

Por qué: Enseñarle al niño varias palabras nuevas y nuevos conocimientos.

Qué hacer: Esta es una *lección sobre la naturaleza.*

La naturaleza puede ser muy significativa para el pequeño, pero toma cierto tiempo. Hable cuando se presente la ocasión.

un conejito que atravieza el patio corriendo,
una ardilla que trepa a un árbol,
un petirrojo en el césped en primavera,
un estornino que come en el patio,
una mariposa que revolotea en derredor
luciérnagas en verano. (¡Qué divertido cazarlas!)

Enséñele al niño a "aguzar la mirada" para observar, para ver, para hablar. ¡Es así COMO EL NIÑO APRENDE! Estimúlelo a mirar por la ventana para observar cuantos pájaros puede ver. Háblele sobre los pájaros.

Déle algunos de estos datos:

Sobre la mamá pájaro y el papá que trabajan juntos para construir el nido; que la mamá se queda sentada sobre tres o cuatro huevecillos empollándolos; y sobre el plumaje de los bebés. El papá pájaro vigila y trae comida para la madre mientras ella empolla los huevos. El papá pájaro tiene un color brillante y hermoso; la madre lo tiene opaco para que no la puedan ver fácilmente. Háblele sobre que la mamá y el papá les proveen insectos y gusanos a los bebés, hasta que éstos están lo suficientemente grandes para volar. Explíquele cómo los pájaros usan hilos, plumas, yerba y pedacitos de palo para construir el nido.

(Al niño le encantará oir hablar sobre cosas reales.)

Estimúlelo a observar los pájaros.

Hable sobre el color de los pájaros y si los conoce, llámelos por su nombre.

Enseñe al niño a ser amistoso con los pájaros, porque éstos nos ayudan. Se comen los insectos que destruyen las cosechas y los jardines.

Si usted tiene sobras de comida, semillas de girasol o sebo, deje que el niño alimente los pájaros durante el invierno. Coloque el alimento afuera y los pájaros se acercarán: Una lección a otro lado de la puerta del patio.

¿Cómo puede ayudar al niño a comprender de 20,000 a 40,000 palabras y saber cómo usarlas; de 3,000 a 6,000 cuando comience en la escuela? (Necesita saberlas para tener un verdadero éxito.) HABLANDO, LEYENDO, NARRANDO, PREGUNTANDO, MOSTRANDO COSAS, DANDO PEQUEÑOS PASEOS. Use las cosas de la naturaleza para ayudarla.

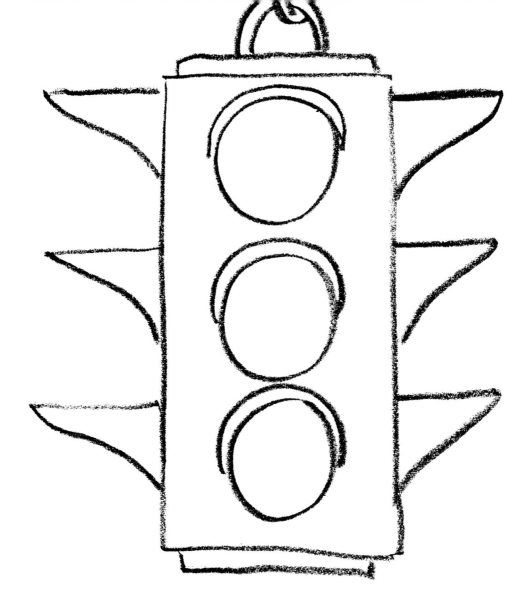

Roja Y Verde, Pare Y Siga

Lo que necesita: Lápices de colores y papel.

Por qué: Para adquirir conocimientos de seguridad en las calles.

Qué hacer: Muéstrele al niño una luz de tránsito mientras camina por la calle o van en el automóvil.

Hable sobre el color de las luces. Dígale al niño el *significado* de los *colores.* (Verde quiere decir siga; roja quiere decir pare; amarilla espere.)

A medida que cambien las luces deje que el niño le diga el significado de los colores. Hable sobre el *cambio de luz.*

Explíquele por qué tenemos luces de tránsito. Hable sobre evitar *accidentes* y de cómo las luces de tránsito nos ayudan a tener más *seguridad.* (Explíquelo de diversas maneras para que él pueda entender. Use lenguaje "adulto". El niño necesita escuchar palabras y asociar significados.)

ES ASÍ COMO EL NIÑO APRENDE.

Déle al niño las cajas de colores. Deje que seleccione el color que significa siga.

Deje que seleccione el color que significa pare.

Deje que seleccione el color que significa espere.

(Recuerde . . . Felicítelo cuando contesta bien.)

Pídale que dibuje algunas señales de tránsito . . . luces de tránsito. Usted puede dejar que pinte la luz de este libro. Hable sobre la *forma* de la luz. Vea si el niño puede decirle lo que significa "redonda".

Los Letreros Hablan

Lo que necesita: Nada.

Por qué: Observar letreros y lo que dicen, aprender diferencias en formas y colores, y hablar en oraciones completas.

Qué hacer: Mientras camina hacia el mercado o por la calle, y mientras va en el automóvil, ayude al niño a fijarse en los letreros DE TODAS CLASES Y COLORES Y FORMAS.

Señálele un letrero. Dígale de *qué color* y de *qué forma* es.

Algunos son *redondos;* algunos son *cuadrados;* algunos son *curvos,* y algunos *tienen forma de rombo.* Ayude al niño a observar las *diferentes* formas.

Dígale que los letreros nos dicen algo . . . tienen palabras escritas. Dígale lo que dicen las palabras.

Deje que repita después de usted y estimúlelo a que diga oraciones completas: "El letrero es rojo. Dice ALTO."

Explíquele por qué hay letreros . . . igual que las normas en casa o en la escuela . . . para ayudarnos a obedecer y ser buenos ciudadanos.

Algunas veces juegue: Veamos cuántas formas diferentes de letreros podemos ver mientras caminamos. Cuéntalos. O cuántos letreros son rojos, o verdes. ¿Dónde están los letreros con los nombres de las calles? ¿Los de Alto?

Diga con el niño:
Letreros, letreros
por todo lugar
letreros, letreros
por toda la ciudad.

Madre: Esta lección se puede poner en práctica durante todo el año.

El niño aprende a través de la repetición.

Este es el comienzo para aprender a leer. Usted no le está enseñando a leer, pero sí lo está preparando para la lectura. Para el niño la lectura es la destreza más difícil de aprender.

Todas estas cosas lo ayudarán a prepararse para su primer año en la escuela.

Además . . . estará hablando y escuchándola a usted . . . a su ser querido. ¡Qué importante es esto!

Oir, No Mirar

Lo que necesita: Un pañuelo para vendarle los ojos.

Por qué: Para enseñar al niño a escuchar. Para adquirir conocimientos. (Esto es importante para desarrollar su capacidad de leer.)

Qué hacer:

1. Jugar un juego en que tenga que escuchar.

Véndele los ojos con el pañuelo y diga:

"Pon a funcionar
tus orejas de elefante
y vamos a ver
cuán bien adivinaste."

Luego haga un ruido para que el niño adivine qué es. Puede hacer cosas como: dejar caer algo en el suelo, partir papel, chasquear los dedos, toser, aplaudir, rascarse la cabeza y (si está en la cocina) abrir el grifo del agua.

(Felicite al niño cuando adivina los sonidos que usted hace.)

2. Simule que es un animal. Vea si el niño puede adivinar qué animal es cuando usted dice:

cloc . . . cloc
bee . . . bee
muu . . . muu
guau . . . guau
qui quiri qui
glúglú . . . glúglú
pío . . . pío

3. Vea si el niño puede imitar sonidos. Pídale que diga:

Cómo suena el automóvil
Cómo suena la sirena
Cómo llora el bebé triste
Cómo ríe el payaso
Cómo le canta mamá al bebé para que se duerma
Cómo gruñe un oso rabioso .

Piedras Para Aprender

Lo que necesita: Piedras y una bolsa de papel.

Por qué: Para que el niño adquiera conocimientos y nuevos significados de palabras, y para ayudarlo a observar las cosas de la naturaleza.

Qué hacer: Lleve al niño a dar un paseo. Camine por el patio o por el vecindario o por el campo.

Ayúdele a buscar piedrecillas lo suficientemente pequeñas como para que quepan en la bolsa de papel.

Háblele sobre el *tamaño* de las piedras. ¿Cuál es *más pequeña*? ¿*Más grande*? ¿Cuáles son *redondas*?

Deje que ponga las más grandes en un grupo y las más pequeñas en otro.

Seleccione tres piedras. Deje que el niño le diga cuál es la más pequeña. (El necesita saber estas relaciones.)

Diga al niño: Las rocas son
	duras—no *blandas*.
El algodón es blando—la tela es
	blanda
Las piedras son pequeñas
Algunas piedras son pequeñas
Algunas piedras son grandes
Algunas piedras son ásperas
Algunas piedras son suaves
	(Permítale tocarlas).

Explíquele que algunas piedras son
suaves porque el agua al lavarlas las ha
puesto así. Dígale que las piedras
aguantan el terreno. Esto evita que el
agua se lo lleve. Algunas veces
podemos encontrar una piedra blanda.
Esta se *desmoronará*. Pero la mayoría
de las piedras son duras.

Léale esto al niño. (Deje que
aplauda mientras usted canta. A él le
gustará.)
	Piedras grandes—una dos
	Piedras chicas—una, dos
	Piedras blandas—una, dos
	Piedras duras—una, dos
	Piedras, piedras
	¡Qué color!
	Esto puede inducir al niño a
comenzar una colección de rocas.
Estimúlelo, y mientras camina por ahí,
busque las poco comunes.

Máscaras

Lo que necesita: Bolsitas de papel y lápices de colores.

Por qué: Para enseñarle nuevos significados de palabras y conocimientos sobre las partes del cuerpo, para divertirse con el niño la noche de las brujas (Halloween).

Qué hacer: Tomar una bolsita de papel color marrón de los de la compra. Colóquelo en la cabeza del niño (use montones de palabras: *saquito, funda, marrón, compra, poner sobre, cabeza,* etc.).

"Ahora . . . ¿puedes ver? Por supuesto que no, **porque** tus ojos están tapados. Enséñame dónde están tus ojos." (Deje que él le enseñe, luego marque o rompa la bolsa por el lugar donde deberían estar los ojos.)

"Ahora, ¿dónde está tu nariz? (Haga que le señale.) "Ahora, tócate la boca."

"¡Allá vamos! Vamos a *quitártela* y a hacer una máscara. Necesitamos que nuestra máscara tenga una cara."

"*¿Qué clase* de cara queremos? ¿Haremos una *cara de miedo* para la noche de las brujas? ¿Una cara bonita? ¿Una cara triste? ¿Una cara alegre?"

Una vez hecho esto, corte o desgarre los lugares donde están los ojos, la nariz, la boca . . . hablando todo el tiempo mientras lo hace.

Déle los lápices de colores (grandes) y ayúdelo a decidir qué clase de cara (máscara) va a hacer. Deje que garabatee. No espere algo perfecto.

Si él quiere una *cara graciosa* . . . *estimúlelo a hacer una boca grande y roja* y una nariz redonda y graciosa como la del *payaso*.

Una vez que haya terminado, deje que se la ponga, y se mire al espejo. Ríase con él. ¡A él le encantara!

Hay muchas cosas que usted puede hacer ahora, tales como:

"Ahora, asústame. Di, "Buuuú."

"Esta es una *cara alegre*. ¿Qué haría una persona alegre? (Cantar, quizás . . . ¿por qué no cantar?)

Si es una cara triste, ¿qué haría una persona triste? (¿Lloraría?)

Diversión En Navidad

Lo que necesita: Un árbol de navidad y adornos.

Por qué: Para que adquiera significados de palabras y conocimientos. Para hacer al niño sentirse seguro y feliz junto a usted.

Qué hacer: Algunas de estas cosas las puede hacer con el niño.

Ponga un árbol de navidad. Deje que el niño ayude a decorarlo. ¡Puede haber tanto aprendizaje en ello! "Búscame *otra bombilla roja* como ésta". "Vamos a colocarla *bien arriba* cerca del *tope*." "¿Qué debemos colocar debajo del árbol?" "Vamos a colocar el cordón plateado alrededor pasando de rama en rama."

Deje que el niño conteste las preguntas que usted le hace. Déjelo divertirse. Enséñele significados de palabras mientras usted habla. Esto es verdadero aprendizaje para el niño. Recuerde, para tener éxito en la escuela necesita saber miles de significados de palabras.

Si usted prepara sus propios adornos deje que el niño la ayude.

Mientras camina por el vecindario, haga que se fije en las *decoraciones* de navidad . . .

en las tiendas
en las calles
en las ventanas
en las puertas.

Hable sobre lo que son, sus colores, las diferentes clases . . .

Deje que el niño la observe envolver los *regalos* de *navidad*. Hable sobre el regalo ¿qué es?, ¿para quién?, ¿de qué color es? Hable sobre el papel de regalo y la cinta. Deje que el niño la ayude en la medida que sus manitos puedan.

Mientras prepara la cena de navidad, recuerde hablar sobre lo que hace . . . deje que el pequeño observe desde una silla. ¡QUE GRATOS RECUERDOS! ¡FELIZ NAVIDAD!

Diversión La Noche De Las Brujas

Lo que necesita: Una calabaza y un cuchillo.

Por qué: Adquirir conocimientos en esta actividad que realizará junto a usted. (Realizar cosas con el niño lo hará sentirse feliz y seguro, y le dejará saber que usted lo quiere.)

Qué hacer: Hable mucho mientras trabaja, es así como el niño aprende. Diga algo parecido a esto:

"¿Te gustaría hacer una linterna de calabaza? ¿Sabes lo que es una linterna de calabaza?" (Explíquele.)

"Vamos a comenzar con una *calabaza* y un *cuchillo afilado*. Hay que tener mucho cuidado con el cuchillo, así que mamá será cuidadosa."

"Primero, haré un hueco en la parte de arriba. ¿Cúal es la parte de arriba? ¿La parte de abajo? Aquí voy alrededor. Mira, *¿qué hay adentro?* Mira todas las *semillas.* Vamos a ir sacándolas y colocándolas en este envase (o en este papel)."

(Deje que el niño la ayude. SI, ¡CLARO QUE SE RIEGA! Muéstrele las semillas. Dígale que si se siembran las semillitas en la tierra, nace una *enredadera* y luego calabazas.

"Vamos a poner algunas a secar afuera, y podremos sembrarlas cuando venga la primavera y la temperatura sea más caliente, y podríamos cosechar una calabaza en nuestro *propio jardín.*"

"Ahora, ¿qué necesita nuestra calabaza para que se convierta en una linterna? Si, unos ojos . . . ¿Cuántos? ¿una nariz? Y una boca grande (corte y hable mientras lo hace). ¿Hacemos una boca grande? ¿Te gustaría una boca sonriente? ¿Le cortamos algunos dientes?" (Cuando haya terminado, ayúdelo a expresar admiración.)

Los niños mayores disfrutarán en hacer esta lección por usted.

Madre: Si no tiene una calabaza, la cual puede obtener fácilmente, haga una en un papel. Usted puede ayudar al pequeño con los *ojos de triángulo,* nariz y la boca sonriente. Deje que él coloree. Recuerde *hablar y dejarlo hablar.* El estará aprendiendo.

¡Feliz noche de las brujas!

Burbujas De Jabón

Lo que necesita: Un carrete vacío y un poco de detergente en polvo.

Por qué: Para enseñarle al niño nuevos conocimientos y darle la ternura y seguridad que necesita a la vez que se divierte con usted.

Qué hacer: Deje que el niño la observe mientras usted hace la *mezcla para hacer burbujas* usando detergente en polvo o jabón líquido en agua tibia. Hable mientras prepara la mezcla. El niño aprenderá ayudándola y viéndola. Mientras trabaja hable sobre si el agua está *fría*, o *caliente*, o *tibia*.

Si tiene *colorantes vegetales*, unas cuantas gotas producirán resultados sorprendentes. Algunas gotas de glicerina mejorarán la mezcla, pero nada de esto es necesario.

Déle al niño un *carrete de hilo vacío* para hacer burbujas a través de él. Deje que *sumerja un extremo* en la mezcla de jabón y sople a través del

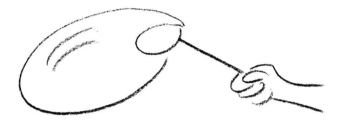

otro *extremo*. Un alambre doblado (en forma de círculo) con una parte doblada para sostenerlo, servirá para hacer burbujas más grandes.

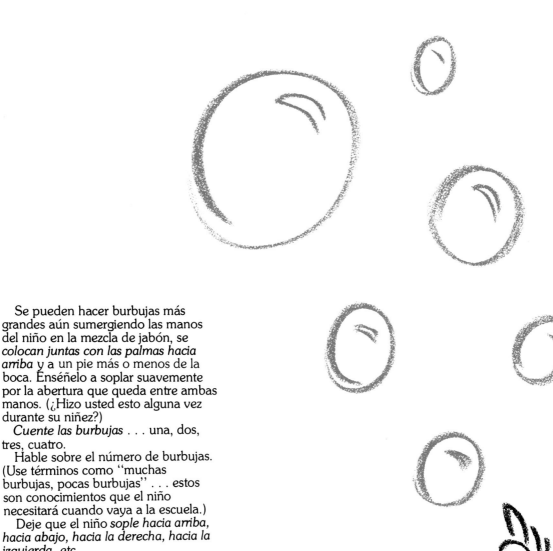

Se pueden hacer burbujas más grandes aún sumergiendo las manos del niño en la mezcla de jabón, *se colocan juntas con las palmas hacia arriba* y a un pie más o menos de la boca. Enséñelo a soplar suavemente por la abertura que queda entre ambas manos. (¿Hizo usted esto alguna vez durante su niñez?)

Cuente las burbujas . . . una, dos, tres, cuatro.

Hable sobre el número de burbujas. (Use términos como "muchas burbujas, pocas burbujas" . . . estos son conocimientos que el niño necesitará cuando vaya a la escuela.)

Deje que el niño *sople hacia arriba, hacia abajo, hacia la derecha, hacia la izquierda*, etc.

Deje que el niño observe las burbujas hasta que se rompan. Si usted tuviera un pedazo de lana, el niño podría mantener las burbujas volando usando un *pedacito* de lana sobre uno de cartón para mantenerlas en el *aire*. El podría *cazar* burbujas.

Deje que los niños mayores jueguen con el pequeño. TODOS A HACER BURBUJAS.

Léale esto al niño:
"La burbuja sube
Hacia las nubes
Pop, pop, pop
Ya se destruyó."

Sillas Para Enseñar

Lo que necesita: Una silla o sillas.

Por qué: Para fomentar la adquisición de significados de palabras, relaciones numéricas, semejanzas y diferencias.

Qué hacer: Madre; pregunte: ¿Para qué *usamos* la silla? (Estimúlelo a contestar. Si el niño dice "para sentarnos", diga, "Sí, usamos la silla para sentarnos." Usted usa una oración completa mientras él usa una palabra. Siempre complete lo que el niño dice con una oración completa . . . él aprende oyéndola hablar.)

¿Cuántas *patas* tiene una silla? *Cuenta conmigo.* Sí, una, dos, tres, cuatro. Deje que el niño cuente después de usted.

Muéstrame el *asiento* de la silla. Muéstrame el *espaldar* de la silla. (Felicítelo si sabe . . . "¡Cielos, qué listo eres!")

Dígale al niño que la silla está hecha de madera que obtenemos de los *árboles*. Es un *mueble*.

Pregunte: "¿Tenemos otra silla como ésta? Búscala."

¿Tenemos alguna silla *diferente*?" (Explíquele lo que significa la palabra.) "Busca *otra silla* en la casa que *no sea igual a ésta*."

"Vamos a la cocina. ¿Cuántas sillas puedes contar? Cuenta conmigo. ¿Son todas iguales?"

Ahora vamos a jugar. (Haga que el niño se divierta.)

Voy a decirte algo que debes hacer y vamos a ver si lo logras. Oye con cuidado (abre bien los ojos). Madre,

déle algunas instrucciones . . . si el niño las sigue correctamente siempre FELICITELO.

Los niños aprenden escuchando y siguiendo instrucciones.

Siéntate
Párate
Párate detrás de la silla
Párate frente a la silla
Camina alrededor de la silla.

(Déle las instrucciones nuevamente y vea si puede recordar como hacerlas. Diga: "¡Cielos, qué bien entiendes. Seguiste las instrucciones bien." El no sabrá exactamente qué quiere decir usted, pero estas son palabras que necesitará en la escuela.)

Tren De Cajas De Zapatos

Lo que necesita: Algunas cajas de zapatos vacías y cordón.

Por qué: Para enseñarle nuevos significados de palabras y conocimientos relacionados con el transporte, para ayudar al niño a aprender a través del juego.

Qué hacer: Deje que el niño observe (y ayude a cortar cordón) mientras usted hace un *hueco* en el *extremo* de cada caja. Con un *cordón corto* amarre cada caja a la *siguiente*. Amarre un *pedazo de cordón largo* de *la caja del frente* de modo que el niño puede *halar* los *vagones*. Mientras usted hace el tren, háblele al niño. Explíquele lo que hace . . . es así como el niño aprende.

Juegue a ser *empleado ferroviario.*
Pídale al niño que sea el *maquinista.* Pregunte: *"¿Qué vas a colocar en los vagones?" (Pedazos de madera, carretes, papel, tiras de tela, botellas vacías, etc.)*

Diga: *"Ahora lleva el tren hasta la primera estación. La primera parada* termina *al lado* de la cama. La estación es Guadalajara, Mexico.

"Ahora, *descarga* el tren." (Explíquele.) Tomo el tren *vacio.* ¿Hacia dónde vamos ahora? ¡Vamos a Bogota, Colombia. ¡Todos a bordo! ¡Ahi vamos! Ahora hala el tren hasta la proxima parada cerca de la silla. *Vuelva a cargarlo.* ¡Chu! ¡Chu! ¡Tut! ¡Tut! Allá va el Sr. Maquinista."

(Estimule al niño a jugar solo después que usted le ha enseñado. Enséñelo a guardar el tren para otra ocasión en que esté listo para volver a jugar.)

Lea este poema. Léalo varias veces. Disfrútelo con el niño. El niño percibirá su entusiasmo.

"¡Clíqueti — clía, clíqueti — clía
El tren viene por la vía
Din-din. Tingalín.
Oye las campanas hacer rin
Chu - chu
Puf — puf
Tut — tut
Clíqueti — clía Clíqueti — clía
El tren viene por la via."

Cajas Para Aprender

Lo que necesita: Diferentes cajas de diversos tamaños. Trate de encontrar por lo menos tres tamaños diferentes.

Por qué: Enseñar al niño a pensar (desarrollar su inteligencia) y ayudarlo a adquirir nuevos conocimientos tales como *grande, pequeño y mediano*.

Qué hacer: Madre, haga algunas de las siguientes actividades.

1. *Destrezas para pensar* — Coloque tres cajas vacías frente al niño, también las tapas y mézclelas. Vea si el niño puede encontrar la tapa correcta para cada caja y colocarla sobre ésta. ¡FELICÍTELO!

2. *Muéstrame* — Diga al niño: "Muéstrame la caja que serviría mejor para colocar los zapatos."

"Muéstrame la caja que serviría mejor para colocar un saco de papas (o carbón, etc.)."

"Muéstrame la caja que serviría mejor para colocar los zapatos del bebé (o tus cintas del pelo, un reloj, etc.)."

3. *Veo, veo* — Juegue a *veo, veo*. Veo una caja que sería el *tamaño perfecto* para colocar un conejito, algunos dulces, tu *abrigo,* la muñeca de Juanita, tu camión, etc.

(Vea si el niño puede escoger una caja apropiada para el objeto. Usted tiene que explicarle al niño que cierta caja seleccionada puede ser muy grande . . . o muy pequeña . . . pero él necesita aprender a pensar.)

4. *Contar* — Cuente las cajas. Cuente las tapas. Cuente las cajas y las tapas. Pregunte: ¿Cuál es la más grande? ¿La más pequeña?

5. Juegue a *¿Cuál falta?* Haga que el niño cierre los ojos. Quite una de las cajas. Deje que el niño abra los ojos y adivine cuál falta . . . la *grande, la mediana, o la pequeña.* (Esto lo ayudará a desarrollar su retentiva visual.

6. Lea esto:
"Una caja grande para los zapatos
  de papá,
Una caja mediana para el conejito
  blanco,
Una caja pequeñita para la
  tortuguita."
"¡Cajas grandes
cajas medianas
cajas pequeñas!;
SEA ENTUSIASTA, su niño se sentirá feliz y a aprenderá más rápido.

Véala Crecer

Lo que necesita: Batata, frasco, agua.

Por qué: Para enseñar al niño nuevos significados de palabras y desarrollar nuevos conocimientos.

Qué hacer: Consiga una batata. Dígale al niño que lo va a dejar cosechar una *planta*. Explíquele que las plantas necesitan agua. Deje que *eche* agua en el frasco y coloque la batata cubierta de agua hasta la mitad.

Luego explíquele que por *algunos días* tendrá que *esconderla* en un *lugar oscuro* (bajo el fregadero o en la alacena). Transcurridos unos días, deje que el niño la examine y vea que tiene *retoños*. Explíquele que éstos son unas pequeñas raicillas que ayudarán la planta a crecer.

Explíquele que cuando la *planta empieza* a crecer, se *alimenta* de la batata. Todas las plantas necesitan alimento. Las plantas necesitan *luz solar* para crecer, y es necesario que la coloquemos en la ventana.

En algunos días aparecerán unas hojitas arriba y crecerán, crecerán, crecerán. (Hágaselo interesante . . . vea como se iluminan los ojos del niño. Hable como le hablaría a un adulto. Así el niño aprenderá más.)

Dígale al niño que ésta es su planta. Necesita *agua, luz solar y alimento* para *crecer*. Explíquele que la batata es el alimento para la planta. Dígale que cuando el *agricultor* cosecha batatas, están *cubiertas de tierra*, y que éstas crecen y echan más batatas debajo de la tierra. Crecen debajo del *terreno* . . . del *suelo*. (Explíquele las cosas en varias maneras para que el niño aprenda muchos significados. Recuerde que debe entender 20,000 palabras y hablar por lo menos 3,000.) Luego el agricultor *cava* la tierra y saca las batatas, las coloca en cestas y las lleva al mercado para que nosotros las compremos.

Lea este poema varias veces:
"A veces en la primavera
cuando el día está caliente
Yo recojo una batata
y la echo en un recipiente.
Le añado un poco de agua
Quiero verla retoñar
Unas raicillas salen
¡Cómo me gusta observar!
Veo unas pequeñas hojas
Que brotan de las raicillas
Crecen, y crecen, y crecen
Tal vez nunca pararían.
Adoro mi linda mata
Con sus hojas verdecitas
Y si la coloco afuera
Baileoteará con la brisa."

Calcetines Para Enseñar

Lo que necesita: Algunos calcetines, uno o dos pares de diferentes tamaños y colores.

Por qué: Para enseñar varias destrezas; parecidos y diferencias, relaciones de tamaño y número, colores, retentiva visual, y cosas que forman parejas.

Qué hacer: Hay varias lecciones que puede enseñar. He aquí algunas:

1. Coloque los calcetines sobre la cama o en el suelo para que el niño pueda verlos bien. Pídale al niño que busque *dos calcetines que formen pareja . . . dos que sean iguales.* (Tenga unos tres calcetines, uno de un color *diferente.* Si puede hacerlo, felicítelo, si no, enséñele los dos iguales y vuelva a preguntarle después de haberlas mezclado.)

2. Diga: "Ahora vamos a jugar a *esconder algo.* Tú cierras los ojos y yo voy a *esconder uno.* Mira a ver si puedes adivinar cuál escondí. Ahora . . . recuerda . . . no puedes mirar. Su niño puede hacerlo, diga, "¡Cielos, qué listo eres!" Ayúdelo a pensar *que puede.* Aprenderá más fácilmente.)

3. Cuente los calcetines. Cuente con el niño. ¿Cuántos tenemos?

4. Ahora, pídale al niño que *quite uno*, y vea *cuántos quedan*. Cuente con él. (¡Sí, correcto. Buen chico!)

5. Trate de conseguir calcetines de diferentes tamaños. Pregunte: "¿Cuál es el más grande? ¿Cuál es el más chiquito . . . el más pequeño? ¿Cuál sería el *tamaño perfecto* para el bebé? ¿Cuál le serviría a tu hermano mayor? ¿Cuál te serviría a ti? (Usted *está* enseñando al niño a pensar. Está aprendiendo a asociar ideas . . . esto es importante para desarrollar su inteligencia.)

6. Ahora pregunte: ¿Qué hacemos con los calcetines? ¿Por qué los *usamos?* ¿Cuál es la parte del frente? ¿Qué es el talón? ¿Qué hacemos cuando están gastados? (Explíquele que eso significa que se le hacen muchos huequitos.) "Sí, tenemos que ir a la tienda y comprar más, y necesitamos *dinero*, ¿no es así?" Pero *cuidamos* los calcetines y

tratamos de que nos duren *mucho tiempo*. (Siga argumentando sobre lo que le dice al niño. Digalo en diversas maneras. Es así como aprende las palabras.)

7. Si tiene calcetines de diferentes colores, vea si el niño puede distinguir el rojo, el azul, marrón, etc. (Esto lo ayudará con los colores . . . siga repitiendo. ¿De qué color son los calcetines que llevas puestos?)

Si tiene tiempo haga una marioneta con un calcetín. Rellene el calcetín y cósale botones en los ojos y la boca. Haga una y deje que el niño se divierta con ella.

Madre, el niño escuchará muchas palabras con esta lección.

La Casa De La Araña

Lo que necesita: Mire alrededor de la casa, el balcón, o el jardín para ver si puede encontrar una telaraña.

Por qué: Para desarrollar interés en la naturaleza, enseñar al niño a observar y aprender significados de palabras.

Qué hacer: Dígale a su niño estas cosas sobre la araña.

Dígale que la *araña teje* su *tela* para cazar *moscas e insectos* para comer. De esta forma nos ayuda a deshacernos de insectos que podrían dañar las plantas del jardín. Dígale que hay arañas de *diferentes tipos* y colores. Algunas arañas de jardín son de colores brillantes. Otras son color marrón o gris. Muy pocas arañas son peligrosas. (Pero no lo estimule a cazarlas.) Dígale que la araña hace la tela porque en la parte de abajo de su cuerpo tiene hileras. Las hileras son *glandulitas de seda* dentro de su cuerpo. Cuando la araña quiere tejer una telaraña, echa hacia afuera el *líquido de seda* y este liquido se endurece cuando sale al aire. La araña amarra el hilo a una hoja, o a la *rama de un árbol*, y pasa el hilo hacia arriba y hacia abajo, hacia adelante y hacia atrás hasta que termina su tela.

Trate afanosamente de encontrar una verdadera telaraña y obsérvela junto al niño. Se sorprenderá del interés del niño. El no comprenderá todo lo que usted dice, pero estará aprendiendo, oyendo y pensando.

Si sabe alguna canción sobre arañas, cántela con el niño.

Juegue lo siguiente con el niño ejecutando la acción con los dedos. ¡Qué divertido será para él!

"Una arañita chiquitita subía por el tejado" (Trepe por el brazo con los dedos).

"Empezó la lluvia y la arrastró hasta el suelo (baje las manos imitando la caída de la lluvia).

"Salió el sol y secó todo de nuevo (simule el sol agarrándose las manos en alto).

"Y la arañita chiquitita subió otra vez sin miedo (vuelva a trepar por el brazo con los dedos).

Pídale al niño que le muestre cómo jugar esto con sus dedos.

Dibujos Que Hablan

Lo que necesita: Las ilustraciones de esta página.

Por qué: Para enseñar significados de palabras — manchas, claras y oscuras, pesado, grande y pequeño — para enseñar al niño a observar y pensar, para ayudarlo a apreciar diferencias.

Qué hacer: Primero, pídale que identifique los animales que hay en las ilustraciones. (Vaya de derecha a izquierda en cada fila.)

Hable sobre: Las manchas de los animales. (Dígale si las manchas son oscuras, claras, grandes o pequeñas.)
Lea este poema:

"Hay algunas manchas
en mi carita
pecas la llaman
bien coloraditas.
No logro borrarlas
aunque trato y trato
y pecas tendré
para largo rato.
Mi cabello rojo
mis graciosas pecas
adoro a mi madre
y está satisfecha.
Al perro también
algunas le vi
¿Te gustan las pecas?
¡Espero que sí!"

(Madre, esto lo ayudará a desarrollar actitudes positivas acerca de personas que son diferentes o lucen diferentes. Es bueno enseñarle a los pequeños que la gente luce diferente . . . pero a nosotros nos agradan a pesar de ser diferentes.)

Juegue: Estoy pensando en un animal que da leche, (que tiene concha, etc.). Deje que el niño adivine sobre qué animal usted habla.

Falta Algo

Lo que necesita: Las ilustraciones de esta página y un lápiz de color o un lápiz grande.

Por qué: Para enseñar al niño a pensar, enseñarlo a observar detalles. (Esto desarrolla el poder visual que le ayudará cuando comience a aprender a leer.)

Deje que el niño hable sobre cada ilustración mientras trabaja en ellas (deje que lo haga él mismo).

Llame este juego *Ojos vivos.* Lea este poema:

"Mira, mira
con ojos vivos
concentra bien
¿Cuál fue el olvido?
Es una mano
¿Para comer?
Es un animal
¿Sin pies?
Ojos vivos, ojos vivos
algo anda mal
en el dibujo algo
se quedó sin pintar.
Dime, dime en verdad
¿Qué no ves?
Dime ojos vivos
quiero saber."

(ASEGURESE DE FELICITAR SI EL NIÑO PUEDE ENCONTRAR LO QUE FALTA. AYUDELO SI NO PUEDE. VUELVA A REPETIR LA LECCION EN OTRA OCASION.)

Sirviendo La Mesa

Lo que necesita: Un plato, un tenedor, un cuchillo, una cuchara.

Por qué: Para ayudar al niño a aprender nuevas palabras y desarrollar su capacidad de memorización y su percepción visual (recordando lo que ve).

Qué hacer: Madre, el niño se sentirá feliz ayudando. He aquí algunas cosas que puede hacer.

1. Si tiene platos que no se rompan fácilmente, el niño puede ayudar a servir la mesa. Pregunte: "*¿Cuántos* platos necesitaremos . . .? Vamos a ver, uno para tí . . . uno para . . . y otro para . . . etc. Ahora *cuenta* y mira si tenemos suficientes."

(Haga lo mismo con los tenedores y cucharas. Mientras le enseña esto, podría también comenzar a enseñar cuál va a la *derecha* del plato y cuál a la *izquerda,* pero comience a hablar sobre ello y muéstrele . . . el cuchillo y la cuchara a la derecha del plato, el tenedor, a la izquierda, el vaso a la derecha cerca de la punta del cuchillo.)

Hable sobre *servir* la mesa y ayude al pequeño a entender lo que esto significa. AGRADEZCALE SU AYUDA. Hable sobre *tener cuidado,* no *romper* nada.

2. Deje que el niño cuente si hay suficientes sillas para toda la *familia.* (Use estas palabras . . él necesitará saberlas cuando vaya a la escuela.) Cuente las sillas.

3. Tome el cuchillo, el tenedor y la cuchara y colóquelos frente al niño. Pídale que cierre los ojos mientras usted *retira, quita* — use ambas palabras — uno de ellos. Ahora deje que abra los ojos y vea si puede recordar cuál quitó usted. Si puede recordar, FELICITELO. Si no, vuelva a tratar. Luego mézclelos y vuelva a quitar otro. Convierta esto en un juego. ¡Divertido!

4. Tome un plato, un cuchillo, un tenedor y una cuchara y colóquelos en la mesa. Deje que el niño coja los objetos y trate de *colocarlos* en el *mismo orden* o de la *misma forma* que usted lo ha hecho. Varíe esto . . . vea si puede imitar su forma de colocarlos. (Si puede hacerlo, se la hará más fácil la lectura cuando vaya a la escuela.)
Ejemplos para tratar:

5. Hable sobre los colores de los platos. Si tiene platos de *diferentes* colores, el niño puede escoger entre tres platos, el que es diferente.

(No se desanime si el niño no puede ver igual que usted; muéstrele, enséñele a *mirar e imitar.* Madre, unos minutos al día y usted le enseñará tanta cosas.)

7/03 ②   12/02
8/06 4   10/03

12/08 5 9/07
11/12 ⑦ 3/10